학령기 아동을 위한

Ⅲ 수준

읽기유창성 및 읽기이해 프로그램 _ 3권

김애화 · 김의정 공저

학지사

머리말

읽기는 모든 교과 학습을 위한 도구적인 역할을 하므로 교과 학습이 시작되는 초등학교부터 학습자는 적절한 읽기 능력을 갖추고 있어야 한다. 이러한 읽기 능력을 갖추기 위해서는 단어를 정확하게 읽을 수 있는 기초적인 능력뿐만 아니라 글을 유창하게 읽고, 읽은 글의 내용을 잘 이해하는 것이 필요하다. 특히 초등학교에서 읽기의 어려움을 보이는 경우, 이를 그대로 두면 성인이 되어서도 읽기 문제가 지속해서 나타날 수 있으므로 초등학교부터 집중적인 읽기 지도를 하는 것이 바람직하다.

이에 초등학교 학생의 읽기유창성 및 읽기이해 능력을 향상시키기 위한 프로그램을 개발하였다. 이 프로그램의 특징은 다음과 같다. 첫째, 각 학년에 적합하도록 지문을 활용하여 프로그램을 구성하였다. 둘째, 읽기유창성 및 읽기이해 능력을 향상시키는 데 효과성이 입증된 다양한 연구기반 교수법을 적용하여 프로그램을 구성하였다. 셋째, 읽기유창성 교수와 읽기이해 교수를 연계하여 지도할 수 있도록 프로그램을 구성하였다. 넷째, 사전평가-지도-사후평가를 통해 학습자의 읽기유창성 및 읽기이해 향상도를 점검할 수 있도록 구성하였다.

따라서 이 프로그램은 학교 내 기초학력 부진 학생 지도 및 방과 후 수업이나 학습종합클리닉센터, 개별센터 등 다양한 장면에서 읽기유창성 및 읽기이해 능력 향상이 요구되는 초등학교 학생을 지도하는 데 활용될 수 있다. 또한 읽기에 어려움을 겪는 학생, 느린 학습자, 다문화 가정 학생 등의 경우에는 초등학생뿐 아니라 중등 이상의 학생 지도 시에도 이 프로그램을 사용할 수 있을 것이다. 이 외에도 필요에 따라 가정에서 자녀의 읽기유창성 및 읽기이해 지도를 위해 활용될 수 있다. '학령기 아동을 위한 읽기유창성 및 읽기이해 프로그램'이 다양한 학습자의 읽기 능력을 향상시킬 수 있는 자료로 활용되기를 기대한다.

이 프로그램이 개발되기까지 여러 사람의 도움이 있었다. 우선, 프로그램 개발 과정에서 도움을 준 김지은 선생님, 박민정 선생님, 박선희 선생님, 정경아 선생님, 정현승 선생님에게 감사의 마음을 전한다. 또한 출판 과정에서 도움을 준 학지사 김진환 사장님과 박나리 선생님에게 감사를 드린다.

책의 구성 및 활용 방법

- 이 책은 단어, 문장, 글 수준에서의 읽기유창성 및 읽기이해를 향상시키는 것을 목표로 개발되었다.
- 이 책의 구성은 1) I 수준 읽기유창성 및 읽기이해 프로그램, 2) II 수준 읽기유창성 및 읽기이해 프로그램, 3) III 수준 읽기유창성 및 읽기이해 프로그램, 4) IV 수준 읽기유창성 및 읽기이해 프로그램, 5) V 수준 읽기유창성 및 읽기이해 프로그램, 6) VI 수준 읽기유창성 및 읽기이해 프로그램으로 구성되어 있다. 각 수준별 6회기, 총 36회기로 구성되어 있다.

  - I 수준 읽기유창성 및 읽기이해 프로그램은 초등학교 1학년 수준의 읽기 지문을 활용한 프로그램이다. 따라서 일반학생의 경우 1학년에게 적용 가능하며, 읽기에 어려움을 겪는 학생의 경우에는 1학년 이상의 학생에게도 적용 가능하다.
  - II 수준 읽기유창성 및 읽기이해 프로그램은 초등학교 2학년 수준의 읽기 지문을 활용한 프로그램이다. 따라서 일반학생의 경우 2학년에게 적용 가능하며, 읽기에 어려움을 겪는 학생의 경우에는 2학년 이상의 학생에게도 적용 가능하다.
  - III 수준 읽기유창성 및 읽기이해 프로그램은 초등학교 3학년 수준의 읽기 지문을 활용한 프로그램이다. 따라서 일반학생의 경우 3학년에게 적용 가능하며, 읽기에 어려움을 겪는 학생의 경우에는 3학년 이상의 학생에게도 적용 가능하다.
  - IV 수준 읽기유창성 및 읽기이해 프로그램은 초등학교 4학년 수준의 읽기 지문을 활용한 프로그램이다. 따라서 일반학생의 경우 4학년에게 적용 가능하며, 읽기에 어려움을 겪는 학생의 경우에는 4학년 이상의 학생에게도 적용 가능하다.
  - V 수준 읽기유창성 및 읽기이해 프로그램은 초등학교 5학년 수준의 읽기 지문을 활용한 프로그램이다. 따라서 일반학생의 경우 5학년에게 적용 가능하며, 읽기에 어려움을 겪는 학생의 경우에는 5학년 이상의 학생에게도 적용 가능하다.

- Ⅵ 수준 읽기유창성 및 읽기이해 프로그램은 초등학교 6학년 수준의 읽기 지문을 활용한 프로그램이다. 따라서 일반학생의 경우 6학년에게 적용 가능하며, 읽기에 어려움을 겪는 학생의 경우에는 중학교 학생에게도 적용 가능하다.

각 회기는 1) 사전평가, 2) 지도, 3) 사후평가로 구성되어 있다.

알아 두기

다음은 수업 전에 교수자가 알아야 하는 사항을 제시하였다. 교수자는 각 회기에서 다뤄지는 중요한 내용이나 전략에 대한 이론적인 근거를 알게 됨으로써 효과적인 수업을 진행할 수 있을 것이다.

읽기유창성이란

읽기유창성은 글을 빠르고 정확하게, 적절한 표현력을 가지고 읽는 능력을 의미한다.

읽기유창성은 왜 중요한가

읽기유창성은 글을 읽고 이해하는 능력과 높은 관련성을 지니기 때문이다.

읽기유창성을 향상시킬 수 있는 방법에는 어떤 것들이 있는가

- 학생에게 동일한 글을 최소 세 번 소리 내어 반복하여 읽도록 한다.
- 소리 내어 반복 읽기를 실시할 때, 먼저 글을 유창하게 읽는 사람(교수자나 또래)이 유창하게 글을 읽는 것을 시범 보인 다음, 학생에게 같은 글을 소리 내어 읽도록 한다.
- 학생이 글을 읽을 때 오류를 보이면 오류를 교정한다.

끊어서 반복 읽기란

1) '끊어서 반복 읽기'는 '끊어 읽기'와 '소리 내어 반복 읽기'를 결합한 교수이다.
2) 끊어 읽기: 글을 구성하는 문장들을 의미가 통하는 구나 절 단위로 끊어서 제시한다.
3) 반복 읽기: 의미가 통하는 구나 절 단위로 끊어서 제시한 지문을 소리 내어 반복적으로 읽는다. 이때, 교수자가 유창하게 글을 읽는 것을 시범 보인 후, 학생들이 세 번 이상 소리 내어 반복적으로 읽도록 하는 것이 좋다.

끊기의 기준은

- 이 프로그램에서 제시한 끊어 읽기 단위의 가장 중요한 기준은 글을 이해하는 데 도움이 되는 의미 단위로 끊는 것이었다. 기본적으로 주부와 술부를 구분하되, 겹문장의 경우에는 문장의 구조를 이해하는 데 도움이 되도록 끊음으로써 글 이해에 도움이 되도록 하였다.
- 이 프로그램에서 제시한 끊어 읽기 단위는 학생에게 도움이 되도록 제시한 하나의 예일 뿐이며, 이것이 문법적으로 정확한 단위 기준을 의미하는 것은 아니다. 또한 학생의 수준에 따라 교사는 이 프로그램에 제시한 의미 단위보다 더 많은 혹은 더 적은 어절이 포함되도록 끊을 수 있다.

이 책의 읽기유창성 프로그램은

1) 활동 1: 단어 반복 읽기
   읽기 지문에서 핵심 단어이거나 어려운 단어를 선정하여, 학생이 빠르고 정확하게 단어를 읽을 수 있도록 반복 연습을 한다.
2) 활동 2: 어휘 뜻 파악하기
   읽기 지문에서 핵심 단어이거나 어려운 단어를 선정하여, 학생이 단어의 뜻을 질적으로 깊이 있게 이해할 수 있도록 다양한 전략 활동을 한다.
3) 활동 3: 어구/절 반복 읽기
   읽기 지문에서 어렵거나 자주 접하게 되는 어구/절을 선정하여, 학생이 빠르고 정확하게 단어를 읽을 수 있도록 반복 연습을 한다.
4) 활동 4: 글 반복 읽기
   전체 읽기 지문의 단어를 학생이 빠르고 정확하게 읽을 수 있도록 세 번 이상 반복 연습을 한다.

읽기유창성 평가는 어떻게 실시하는가

1) 읽기유창성 점수는 학생이 1분 동안 올바르게 읽은 어절 수로 산출한다. 즉, '학생이 1분 동안 읽은 총 어절 수'에서 '틀리게 읽은 어절 수'를 빼서 산출한다.

   읽기유창성 점수 = 1분 동안 읽은 총 어절 수 − 틀리게 읽은 어절 수

2) 평가 시 다음 사항을 유의한다.
   - 학생이 글의 첫 글자를 읽음과 동시에 타이머를 누른다.
   - 교사가 '시작'이라고 말한 후 3초 동안 글을 읽지 않으면, 두 번째 어절을 손으로 가리키며 '다음'이라고 빠르게 말하고, 못 읽은 어절은 오답 처리한다.

- 학생이 3초 동안 글을 읽지 않을 경우, 다음 어절을 손으로 가리키며 '다음'이라고 빠르게 말하고, 못 읽은 어절은 오답 처리한다.
- 학생이 3초 안에 스스로 교정하면 그 위에 SC(Self-Correct)라고 쓰고 정답으로 처리한다.
- 학생이 한 줄 전체를 건너뛰고 읽었을 경우에는 그 줄에 표시하고 검사를 그대로 진행시키되, 생략한 부분을 오답 처리한다(1분 동안 측정하는 검사이기 때문에 검사 중간에 빠트린 부분을 다시 읽도록 지시할 경우 시간이 소요되므로 학생을 방해하지 않고 그대로 검사를 진행시킨다).
- 학생이 틀리게 읽은 어절 위에 / 표시를 한다.
- 1분이 종료되면 학생이 읽은 마지막 어절에 ⌟ 표시를 한다.

읽기이해란

읽기이해는 글의 내용을 자신의 선행 지식과 연결 지으면서 의미를 형성해 가는 과정이다. 성공적인 읽기이해를 위해서는 주요 내용을 중심으로 글의 의미를 파악할 뿐 아니라, 내용을 자신의 선행 지식과 연결 지어 글의 주제를 파악하는 것이 중요하다.

읽기이해는 왜 중요한가

읽기이해는 읽기 교수의 궁극적인 목표로, 읽기 교수의 핵심이다.

읽기이해를 향상시킬 수 있는 방법에는 어떤 것들이 있는가

- 이야기글을 이해하는 데 도움을 주는 대표적인 전략은 이야기 지도(story map)의 요소에 해당하는 내용을 파악하는 것이다.
- 이야기 지도의 요소에는 인물, 시간, 장소, 사건들, 끝이 포함되며, 이야기글에서 주요 내용을 간추리기 위해서는 이러한 이야기 지도의 요소에 해당하는 내용을 파악하면 도움이 된다.
- 이야기 지도의 요소별 내용을 정리할 때, 그래픽 조직자를 활용하면 도움이 된다.

이야기 지도의 요소

1) 인물(이야기에 등장하는 인물)
2) 시장(이야기가 일어나는 시간과 장소)
3) 사건들(인물에게 일어난 사건들)
4) 끝(이야기의 끝)

글의 주제

글의 주제는 글쓴이가 말하고자 하는 생각이나 의견을 의미하며, 이야기글에서 글의 주제를 파악하는 것은 중요하다.

이 책의 읽기이해 프로그램은

1) 활동 1: 이야기 지도 알기

이야기 지도의 목적과 이야기 지도의 요소를 파악하는 활동을 한다.

2) 활동 2: 이야기 지도 전략을 사용하여 글의 내용 파악하기

그래픽 조직자에서 제시된 순서에 따라, 이야기 지도의 요소별 내용을 파악하여 기록하는 활동을 한다.

3) 활동 3: 글의 주제 파악하기

글에 제시되어 있지 않은 '글의 주제'를 파악하기 위해 글의 내용을 바탕으로 '~를 해야 한다.' 또는 '~를 하지 말아야 한다.'의 문장을 완성하는 활동을 한다.

읽기이해 평가는 어떻게 실시하는가

1) 글을 읽은 후, 읽기이해 질문을 통해 글의 내용에 대한 이해 정도를 파악한다.

읽기이해 점수 = 맞은 문항의 개수

2) 평가 시 다음 사항을 유의한다.

- 전체 지문을 소리 내지 않고 눈으로 읽도록 한다.
- ⟨3~7번까지⟩ 문항의 답에 학생이 한두 단어로 간단하게 답할 경우, "좀 더 자세히 말해 볼래요?" 또는 "좀 더 자세히 써 보세요."라고 반드시 추가 질문을 한다. 추가 질문을 하였는데도, 같은 답을 반복하거나 정답에 제시된 내용을 말하지 못하면 오답으로 간주한다.
- 7번 추론 문항의 경우에는 지문에 근거하여 답을 하였을 경우에는 정답으로 간주한다. 지문의 내용과 무관하게 학생 자신의 사전지식이나 경험에 근거하여 답할 경우, 오답으로 간주한다.
- 채점 시, 답안에 있는 내용을 그대로 말하지 않더라도 질문의 요지를 파악하고 답을 하였을 경우 정답으로 간주한다.

차례

III 수준 읽기유창성 및 읽기이해 프로그램

1. 귀신 잡는 사냥꾼

학 ◇ 습 ◇ 목 ◇ 표

- 글을 읽을 때, 적당한 부분에서 글을 빠르고 정확하게 끊어 읽을 수 있다.
- 글을 읽고, 글의 중심내용과 글의 주제를 파악할 수 있다.

사 ◇ 전 ◇ 평 ◇ 가

지시문

앞에 있는 종이에 글이 있어요. 이제 선생님이 "시작"이라고 하면(학생용 평가지의 첫 어절을 손가락으로 가리킨 후, 계속 훑으면서) 처음부터 읽기 시작해서 "그만"이라고 할 때까지 최대한 정확하게, 그리고 최대한 빨리 읽으세요. 글을 읽다가 모르는 글자가 나오면 선생님이 어떻게 해야 할지 알려 줄게요. 최선을 다하세요. 질문 있어요? (질문이 있으면 질문에 대답한다.) 준비, 시작. (학생이 첫 어절을 말함과 동시에 타이머를 누르고 1분간 학생의 반응을 기록한 뒤 1분이 지나면 "그만"이라고 말한다.)

옛날 옛날 총을 들고 다니는 포수가 살았습니다. 하루는 총을 들고 어느 마을에 들르게 되었지요. 그런데 그 마을은 사람 사는 기척이 없이 싸늘했어요. 한참을 기웃거리다 신이 한 켤레 있는 기와집을 찾았답니다.

"지나가는 나그네인데 이 집에서 하룻밤만 자고 갑시다."

포수가 말을 끝내자마자 방문이 열리면서 여인이 나타났습니다.

"재워 주는 거야 어렵지 않습니다만, 문제가 있답니다. 손님도 여기 있다가는 죽을 테니 그냥 가시오."

하얀 소복을 입은 여인이 이렇게 말을 했답니다. 밤마다 세 귀신이 와서는 사람을 잡아간다고 했어요.

"내가 이렇게 하찮게 보여도 귀신 잡는 사냥꾼이오."

포수는 속으로는 무서웠지만 큰소리를 뻥뻥 쳤답니다. 그래서 포수는 여인이 사는 집에서 귀신을 기다렸습니다.

밤이 되니까 바람이 쉭 불더니 불이 꺼졌어요. 또 바람이 부니까 시커먼 것이 담을 넘었지요. 문틈으로 보니 큰 놈, 중간치, 작은 놈이 보였어요. 큰 놈은 호랑이 귀신, 중간치는 여우 귀신, 작은 것은 토끼 귀신이었지요.

토끼 귀신이 방으로 들어서려다 말고 말했습니다.

"아까 점을 쳐 봤는데 느낌이 좋지 않아요. 나는 깜짝 놀라서 죽을 운으로 나왔지요. 여우 형님은 불에 타 죽을 운으로 나왔지요. 호랑이 형님은 다리가 찢어져 죽을 운으로 나왔답니다."

호랑이 귀신이 듣고는 화가 나서 버럭 소리쳤습니다.

"에이 요망한 놈아, 그 따위 점이 어디 있더냐!"

그런데 토끼 귀신이 정말 깜짝 놀라 죽어 버렸어요. 토끼 귀신이 말한 점대로 정말 이루어졌지요. 여우 귀신이 방문을 여는데 포수가 총을 쐈어요. 그런데 총알은 안 나가고 불만 확 나왔어요. 그래서 여우 귀신이 불에 홀랑 타 죽어 버렸어요. 이번에도 토끼 귀신이 말한 점대로 이루어졌어요. 호랑이 귀신은 너무 무서워 냅다 도망을 쳤어요. 그런데 뒷다리가 문고리에 걸려 다리가 찢어져 죽어 버렸어요. 결국 포수는 귀신을 모두 잡아 마을을 구했답니다.

읽기유창성 점수: __________

▶ 사전평가와 사후평가의 지문은 학지사 홈페이지(http://www.hakjisa.co.kr)에서 내려받을 수 있습니다.

1 단어를 빠르고 정확하게 읽기

다음 단어를 바르게 읽어 봅시다

사냥꾼	들르게
기웃거리다	켤레
소복을	하찮게
찢어져	요망한
쐈어요	점대로
문고리에	

▶ 이 페이지의 내용은 복사하거나 학지사 홈페이지(http://www.hakjisa.co.kr)에서 내려받아 사용하세요!

다음 단어들을 빠르고 정확하게 읽어 봅시다

사냥꾼	기웃거리다	소복을	찢어져	쐈어요
들르게	결레	하찮게	요망한	점대로
문고리에	소복을	사냥꾼	찢어져	들르게
기웃거리다	하찮게	점대로	요망한	문고리에
결레	쐈어요	기웃거리다	쐈어요	들르게
하찮게	점대로	결레	찢어져	문고리에
요망한	소복을	사냥꾼	점대로	요망한
결레	쐈어요	문고리에	소복을	찢어져
하찮게	사냥꾼	들르게	기웃거리다	결레
점대로	쐈어요	사냥꾼	소복을	하찮게
찢어져	기웃거리다	문고리에	들르게	요망한

▶ 이 페이지의 내용은 복사하거나 학지사 홈페이지(http://www.hakjisa.co.kr)에서 내려받아 사용하세요!

2 어휘의 뜻 알아보기

다음 단어를 알아봅시다

예시문을 읽고, 내가 생각하는 단어의 뜻을 써 봅시다.

올바른 단어의 뜻을 써 봅시다.

정의

포수

예시문 옛날 옛날 총을 들고 다니는 포수가 살았습니다.

비슷한 말

- ______
- ______
- ______

문장 만들기

비슷한 말을 넣어서 문장을 완성해 봅시다.

옛날 옛날 총을 들고 다니는 ______가 살았습니다.

새로운 문장을 만들어 써 봅시다.

도전문제

포수는 어디에 가야 만날 수 있을까요?

예시문을 읽고, 내가 생각하는 단어의 뜻을 써 봅시다.

올바른 단어의 뜻을 써 봅시다.

정의

비슷한 말

-
-
-

소복

예시문 하얀 소복을 입은 여인이 이렇게 말을 했답니다.

문장 만들기

비슷한 말을 넣어서 문장을 완성해 봅시다.

하얀 ______________ 을 입은 여인이 이렇게 말을 했답니다.

새로운 문장을 만들어 써 봅시다.

도전문제

소복은 언제 입나요?

예시문을 읽고, 내가 생각하는 단어의 뜻을 써 봅시다.

올바른 단어의 뜻을 써 봅시다.

정의

하찮다

비슷한 말

-
-
-

반대말

-
-
-

예시문 내가 이렇게 하찮게 보여도 귀신 잡는 사냥꾼이오.

문장 만들기

비슷한 말을 넣어서 문장을 완성해 봅시다.

내가 이렇게 ________ 보여도 귀신 잡는 사냥꾼이오.

새로운 문장을 만들어 써 봅시다.

도전문제

무엇인가를 하찮게 생각한 경험이 있나요?

예시문을 읽고, 내가 생각하는 단어의 뜻을 써 봅시다.

올바른 단어의 뜻을 써 봅시다.

정의

기웃거리다

예시문 한참을 기웃거리다 신이 한 켤레 있는 기와집을 찾았답니다.

비슷한 말

-
-
-

문장 만들기

비슷한 말을 넣어서 문장을 완성해 봅시다.

한참을 ________ 신이 한 켤레 있는 기와집을 찾았답니다.

새로운 문장을 만들어 써 봅시다.

도전문제

어딘가를 기웃거린 경험이 있나요?

다음 각 물음에 답해 봅시다.

1 〈보기〉의 단어와 반대말 짝이 되는 단어를 찾아서 동그라미 치세요.

보기

하찮다

1) 보잘것없다 2) 만만하다 3) 대단하다

2 〈보기〉의 단어와 비슷한 말 짝이 되는 단어를 찾아서 동그라미 치세요.

보기

포수

1) 사냥꾼 2) 나무꾼 3) 어부

3 〈보기〉의 단어와 비슷한 말 짝이 되는 단어를 찾아서 동그라미 치세요.

보기

소복

1) 한복 2) 상복 3) 양복

3 어구를 빠르고 정확하게 읽기

다음 어구를 바르게 읽어 봅시다

총을 들고 다니는 포수가	사람 사는 기척이 없이
포수가 말을 끝내자마자	여기 있다가는 죽을 테니
하얀 소복을 입은 여인이	방으로 들어서려다 말고
깜짝 놀라서 죽을 운으로	다리가 찢어져 죽을 운으로
그 따위 점이	토끼 귀신이 말한 점대로
뒷다리가 문고리에 걸려	

▶ 이 페이지의 내용은 복사하거나 학지사 홈페이지(http://www.hakjisa.co.kr)에서 내려받아 사용하세요!

다음 어구/절들을 빠르고 정확하게 읽어 봅시다

사람 사는 기척이 없이	총을 들고 다니는 포수가	하얀 소복을 입은 여인이
포수가 말을 끝내자마자	깜짝 놀라서 죽을 운으로	여기 있다가는 죽을 테니
다리가 찢어져 죽을 운으로	방으로 들어서려다 말고	토끼 귀신이 말한 점대로
그 따위 점이	뒷다리가 문고리에 걸려	깜짝 놀라서 죽을 운으로
사람 사는 기척이 없이	포수가 말을 끝내자마자	다리가 찢어져 죽을 운으로
방으로 들어서려다 말고	그 따위 점이	여기 있다가는 죽을 테니
토끼 귀신이 말한 점대로	하얀 소복을 입은 여인이	뒷다리가 문고리에 걸려
총을 들고 다니는 포수가	토끼 귀신이 말한 점대로	포수가 말을 끝내자마자
뒷다리가 문고리에 걸려	깜짝 놀라서 죽을 운으로	방으로 들어서려다 말고
다리가 찢어져 죽을 운으로	그 따위 점이	총을 들고 다니는 포수가
하얀 소복을 입은 여인이	사람 사는 기척이 없이	여기 있다가는 죽을 테니
그 따위 점이	포수가 말을 끝내자마자	방으로 들어서려다 말고
하얀 소복을 입은 여인이	다리가 찢어져 죽을 운으로	총을 들고 다니는 포수가
여기 있다가는 죽을 테니	사람 사는 기척이 없이	깜짝 놀라서 죽을 운으로
뒷다리가 문고리에 걸려	토끼 귀신이 말한 점대로	그 따위 점이
포수가 말을 끝내자마자	뒷다리가 문고리에 걸려	토끼 귀신이 말한 점대로
하얀 소복을 입은 여인이	깜짝 놀라서 죽을 운으로	방으로 들어서려다 말고
총을 들고 다니는 포수가	여기 있다가는 죽을 테니	다리가 찢어져 죽을 운으로
사람 사는 기척이 없이	포수가 말을 끝내자마자	여기 있다가는 죽을 테니

▶ 이 페이지의 내용은 복사하거나 학지사 홈페이지(http://www.hakjisa.co.kr)에서 내려받아 사용하세요!

4 글을 빠르고 정확하게 읽기

다음 글을 / 표시된 곳에서 끊어 읽어 봅시다. 읽을 때 빠르고 정확하게 읽도록 합시다

옛날 옛날 / 총을 들고 다니는 포수가 / 살았습니다. / 하루는 / 총을 들고 / 어느 마을에 / 들르게 되었지요. / 그런데 / 그 마을은 / 사람 사는 기척이 없이 / 싸늘했어요. / 한참을 기웃거리다 / 신이 한 켤레 있는 기와집을 / 찾았답니다. /

"지나가는 나그네인데 / 이 집에서 / 하룻밤만 자고 갑시다." /

포수가 말을 끝내자마자 / 방문이 열리면서 / 여인이 나타났습니다. /

"재워 주는 거야 / 어렵지 않습니다만, / 문제가 있답니다. / 손님도 / 여기 있다가는 죽을 테니 / 그냥 가시오." /

하얀 소복을 입은 여인이 / 이렇게 / 말을 했답니다. / 밤마다 / 세 귀신이 와서는 / 사람을 잡아간다고 했어요. /

"내가 / 이렇게 하찮게 보여도 / 귀신 잡는 사냥꾼이오." /

포수는 / 속으로는 무서웠지만 / 큰소리를 뻥뻥 쳤답니다. / 그래서 / 포수는 / 여인이 사는 집에서 / 귀신을 기다렸습니다. /

밤이 되니까 / 바람이 쉭 불더니 / 불이 꺼졌어요. / 또 바람이 부니까 / 시커먼 것이 / 담을 넘었지요. / 문틈으로 보니 / 큰 놈, / 중간치, / 작은 놈이 보였어요. / 큰 놈은 호랑이 귀신, / 중간치는 여우 귀신, / 작은 것은 토끼 귀신이었지요. /

토끼 귀신이 / 방으로 들어서려다 말고 / 말했습니다. /

"아까 점을 쳐 봤는데 / 느낌이 좋지 않아요. / 나는 / 깜짝 놀라서 죽을 운으로 / 나왔지요. / 여우 형님은 / 불에 타 죽을 운으로 / 나왔지요. / 호랑이 형님은 / 다리가 찢어져 죽을 운으로 / 나왔답니다." /

호랑이 귀신이 듣고는 / 화가 나서 / 버럭 소리쳤습니다. /

"에이 / 요망한 놈아, / 그 따위 점이 / 어디 있더냐!" /

그런데 / 토끼 귀신이 / 정말 / 깜짝 놀라 죽어 버렸어요. / 토끼 귀신이 말한 점대로 / 정말 이루어졌지요. / 여우 귀신이 방문을 여는데 / 포수가 총을 쐈어요. / 그런데 / 총알은 안 나가고 / 불만 확 나왔어요. / 그래서 / 여우 귀신이 / 불에 / 홀랑 타 죽어 버렸어요. / 이번에도 / 토끼 귀신이 말한 점대로 / 이루어졌어요. / 호랑이 귀신은 / 너무 무서워 / 냅다 도망을 쳤어요. / 그런데 / 뒷다리가 문고리에 걸려 / 다리가 찢어져 죽어 버렸어요. / 결국 / 포수는 / 귀신을 모두 잡아 / 마을을 구했답니다. /

5 이야기 지도 알아보기

'이야기 지도'가 무엇인지 알아봅시다

1 다음 그림은 무엇인가요?

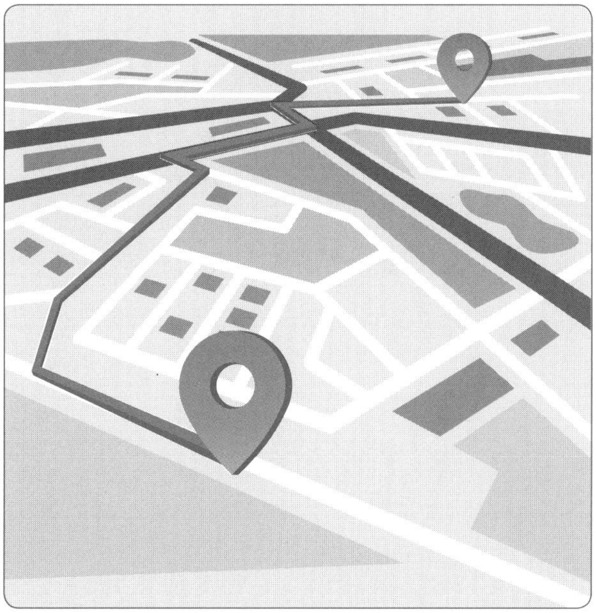

2 지도는 우리에게 어떤 도움을 주나요?

3 | 이야기 지도 소개하기: 이야기 지도 구성 요소를 알아봅시다.

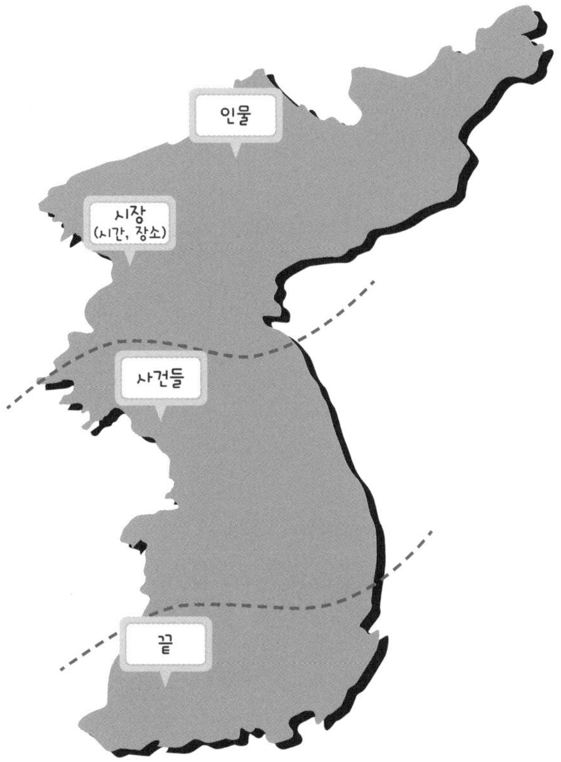

- 지도가 우리가 길을 찾도록 도움을 주는 것처럼, 이야기 지도는 ______________ 사용하는 지도입니다.

- 이야기 지도에는 ______________, ______________, ______________, ______________이 있습니다. 여기서 '인물, 시장, 사건들, 끝'은 기억 전략입니다. 이 기억 전략은 이야기 지도를 잘 기억하는 데 도움을 줍니다.

인물	이야기에 등장하는 ________
시장	이야기가 일어나는 ____간과 ____소
사건들	인물들에게 일어난 ________
끝	이야기의 ________

- 이야기 지도의 기억 전략인 ______________, ______________, ______________, ______________을 알면, 글의 내용을 잘 이해할 수 있습니다. 이야기를 읽을 때, '인물, 시장, 사건들, 끝'을 기억하도록 합시다.

6 이야기 지도 사용하여 글 읽고 이해하기: 인물, 시장, 사건, 끝을 기억하며 글의 내용 파악하기

'이야기 지도(인물, 시장, 사건, 끝)'를 사용하여 글의 내용을 파악해 봅시다

귀신 잡는 사냥꾼

옛날 옛날 총을 들고 다니는 포수가 살았습니다. 하루는 총을 들고 어느 마을에 들르게 되었지요. 그런데 그 마을은 사람 사는 기척이 없이 싸늘했어요. 한참을 기웃거리다 신이 한 켤레 있는 기와집을 찾았답니다.

"지나가는 나그네인데 이 집에서 하룻밤만 자고 갑시다."

포수가 말을 끝내자마자 방문이 열리면서 여인이 나타났습니다.

"재워 주는 거야 어렵지 않습니다만, 문제가 있답니다. 손님도 여기 있다가는 죽을 테니 그냥 가시오."

하얀 소복을 입은 여인이 이렇게 말을 했답니다. 밤마다 세 귀신이 와서는 사람을 잡아간다고 했어요.

"내가 이렇게 하찮게 보여도 귀신 잡는 사냥꾼이오."

포수는 속으로는 무서웠지만 큰소리를 뻥뻥 쳤답니다. 그래서 포수는 여인이 사는 집에서 귀신을 기다렸습니다.

밤이 되니까 바람이 쉭 불더니 불이 꺼졌어요. 또 바람이 부니까 시커먼 것이 담을 넘었지요. 문틈으로 보니 큰 놈, 중간치, 작은 놈이 보였어요. 큰 놈은 호랑이 귀신, 중간치는 여우 귀신, 작은 것은 토끼 귀신이었지요.

토끼 귀신이 방으로 들어서려다 말고 말했습니다.

"아까 점을 쳐 봤는데 느낌이 좋지 않아요. 나는 깜짝 놀라서 죽을 운으로 나왔지요. 여우 형님은 불에 타 죽을 운으로 나왔지요. 호랑이 형님은 다리가 찢어져 죽을 운으로 나왔답니다."

호랑이 귀신이 듣고는 화가 나서 버럭 소리쳤습니다.

"에이 요망한 놈아, 그 따위 점이 어디 있더냐!"

그런데 토끼 귀신이 정말 깜짝 놀라 죽어 버렸어요. 토끼 귀신이 말한 점대로 정말 이루어졌지요. 여우 귀신이 방문을 여는데 포수가 총을 쐈어요. 그런데 총알은 안 나가고 불만 확 나왔어요. 그래서 여우 귀신이 불에 홀랑 타 죽어 버렸어요. 이번에도 토끼 귀신이 말한 점대로 이루어졌어요. 호랑이 귀신은 너무 무서워 냅다 도망을 쳤어요. 그런데 뒷다리가 문고리에 걸려 다리가 찢어져 죽어 버렸어요. 결국 포수는 귀신을 모두 잡아 마을을 구했답니다.

제목: 귀신 잡는 사냥꾼

1 **인물** 이야기에 등장하는 인물은 누구인가요?

2 **시간과 장소** 언제, 어디에서 일어난 이야기인가요?

시간:

장소:

3 **사건들** 인물에게 어떤 일들이 일어났나요? 일이 어떠한 차례로 일어났나요?

4 **끝** 이야기가 어떻게 끝났나요?

7 글의 주제 알기

글의 주제를 알아봅시다

글의 주제는 글쓴이가 읽는 이에게 말하고자 하는 생각 또는 의견입니다. 글의 주제는 '~하자. 해야 한다' 또는 '~하지 말자. 하지 말아야 한다'로 만들 수 있습니다.

'귀신 잡는 사냥꾼'을 읽고, 글의 주제를 써 봅시다.

읽기유창성

지시문

앞에 있는 종이에 글이 있어요. 이제 선생님이 "시작"이라고 하면(학생용 평가지의 첫 어절을 손가락으로 가리킨 후, 계속 훑으면서) 처음부터 읽기 시작해서 "그만"이라고 할 때까지 최대한 정확하게, 그리고 최대한 빨리 읽으세요. 글을 읽다가 모르는 글자가 나오면 선생님이 어떻게 해야 할지 알려 줄게요. 최선을 다하세요. 질문 있어요? (질문이 있으면 질문에 대답한다.) 준비, 시작. (학생이 첫 어절을 말함과 동시에 타이머를 누르고 1분간 학생의 반응을 기록한 뒤 1분이 지나면 "그만"이라고 말한다.)

옛날 옛날 총을 들고 다니는 포수가 살았습니다. 하루는 총을 들고 어느 마을에 들르게 되었지요. 그런데 그 마을은 사람 사는 기척이 없이 싸늘했어요. 한참을 기웃거리다 신이 한 켤레 있는 기와집을 찾았답니다.

"지나가는 나그네인데 이 집에서 하룻밤만 자고 갑시다."

포수가 말을 끝내자마자 방문이 열리면서 여인이 나타났습니다.

"재워 주는 거야 어렵지 않습니다만, 문제가 있답니다. 손님도 여기 있다가는 죽을 테니 그냥 가시오."

하얀 소복을 입은 여인이 이렇게 말을 했답니다. 밤마다 세 귀신이 와서는 사람을 잡아간다고 했어요.

"내가 이렇게 하찮게 보여도 귀신 잡는 사냥꾼이오."

포수는 속으로는 무서웠지만 큰소리를 뻥뻥 쳤답니다. 그래서 포수는 여인이 사는 집에서 귀신을 기다렸습니다.

밤이 되니까 바람이 쉭 불더니 불이 꺼졌어요. 또 바람이 부니까 시커먼 것이 담을 넘었지요. 문틈으로 보니 큰 놈, 중간치, 작은 놈이 보였어요. 큰 놈은 호랑이 귀신, 중간치는 여우 귀신, 작은 것은 토끼 귀신이었지요.

토끼 귀신이 방으로 들어서려다 말고 말했습니다.

"아까 점을 쳐 봤는데 느낌이 좋지 않아요. 나는 깜짝 놀라서 죽을 운으로 나왔지요. 여우 형님은 불에 타 죽을 운으로 나왔지요. 호랑이 형님은 다리가 찢어져 죽을 운으로 나왔답니다."

호랑이 귀신이 듣고는 화가 나서 버럭 소리쳤습니다.

"에이 요망한 놈아, 그 따위 점이 어디 있더냐!"

그런데 토끼 귀신이 정말 깜짝 놀라 죽어 버렸어요. 토끼 귀신이 말한 점대로 정말 이루어졌지요. 여우 귀신이 방문을 여는데 포수가 총을 쐈어요. 그런데 총알은 안 나가고 불만 확 나왔어요. 그래서 여우 귀신이 불에 홀랑 타 죽어 버렸어요. 이번에도 토끼 귀신이 말한 점대로 이루어졌어요. 호랑이 귀신은 너무 무서워 냅다 도망을 쳤어요. 그런데 뒷다리가 문고리에 걸려 다리가 찢어져 죽어 버렸어요. 결국 포수는 귀신을 모두 잡아 마을을 구했답니다.

읽기유창성 점수: ____________

▶ 사전평가와 사후평가의 지문은 학지사 홈페이지(http://www.hakjisa.co.kr)에서 내려받을 수 있습니다.

사 ◇ 후 ◇ 평 ◇ 가

읽기이해

다음 질문에 최대한 자세히 답을 써 주세요.

(※ 쓰는 것이 어려운 학생의 경우, 구두로 답하도록 하세요.)

1 이야기에 등장하는 인물은 누구인가요? 세 인물만 써 보세요.

2 언제, 어디에서 있었던 일인가요?

1) 언제:

2) 어디서:

3 여인은 왜 포수를 재워 주지 않으려고 했나요?

4 포수는 귀신을 어디서 기다렸나요?

5 토끼 귀신이 점을 치고 난 뒤 왜 느낌이 좋지 않다고 하였나요?

6 호랑이 귀신이 무서워서 도망간 까닭은 무엇일까요?

7 포수는 마을사람들에게 어떤 사람이었을까요? 그것을 어떻게 알 수 있는지 글에서 찾아 써 보세요.

1) 어떤 사람이었나요?

2) 그것을 어떻게 알 수 있나요?

2. 돌미륵과 장기 두는 총각

학 ◇ 습 ◇ 목 ◇ 표

- 글을 읽을 때, 적당한 부분에서 글을 빠르고 정확하게 끊어 읽을 수 있다.
- 글을 읽고, 글의 중심내용과 글의 주제를 파악할 수 있다.

사 ◇ 전 ◇ 평 ◇ 가

지시문

앞에 있는 종이에 글이 있어요. 이제 선생님이 "시작"이라고 하면(학생용 평가지의 첫 어절을 손가락으로 가리킨 후, 계속 훑으면서) 처음부터 읽기 시작해서 "그만"이라고 할 때까지 최대한 정확하게, 그리고 최대한 빨리 읽으세요. 글을 읽다가 모르는 글자가 나오면 선생님이 어떻게 해야 할지 알려 줄게요. 최선을 다하세요. 질문 있어요? (질문이 있으면 질문에 대답한다.) 준비, 시작. (학생이 첫 어절을 말함과 동시에 타이머를 누르고 1분간 학생의 반응을 기록한 뒤 1분이 지나면 "그만"이라고 말한다.)

옛날 옛날, 어느 산마을에 한 총각이 살았습니다. 어찌나 가난했던지 마흔이 되도록 장가를 못 갔답니다. 총각은 아무리 가난해도 착한 마음만큼은 버리지 않았습니다.

하루는 날마다 오르는 산에 가서 나무를 했습니다. 그런데 수풀이 우거진 틈 새로 돌미륵이 보였어요. 돌미륵에 이끼가 잔뜩 끼고 둘레에 풀이 많았답니다.

'아니, 미륵님을 이렇게 함부로 모시면 벌을 받지.'

총각은 이렇게 생각하면서 이끼를 걷어내고 풀을 뽑았지요. 둘레를 깨끗이 손질하니 돌미륵이 빛이 나는 듯 했습니다.

그러고는 늘 장기판을 들고 산에 나무를 하러 갔답니다.

"미륵님, 심심하실 텐데 저하고 장기 한판 두시지요."

이렇게 말을 걸면서 저 혼자서 장기를 두었지요. 한 번은 자기 것을 두고 다음은 미륵님 것을 두고. 혼자서 두었지만 둘이 두는 것처럼 열심히 두었답니다. 그러니 총각이 이길 때도 있고, 미륵님이 이길 때도 있었지요.

하루는 총각이 미륵님 앞에 장기판을 놓고 말했습니다.

"미륵님, 오늘은 그냥 두지 말고 내기를 하십시다. 만약에 미륵님이 이기시면 떡을 해서 제사를 올리겠습니다. 그러나 제가 이기면 장가 좀 보내 주십시오."

자기 차례라고 더 잘 두는 법이 없이 두었지요. 미륵님 차례에도 공을 들여 정직하게 두었답니다. 그렇게 공평하게 두었는데도 끝에는 총각이 덜컥 이겼지요.

"미륵님, 제가 이겼으니 꼭 장가보내 주십시오."

이렇게 말씀을 드리고 내려가서는 밤에 꿈을 꾸었답니다.

"지금 당장 일어나 동쪽 길로 가 보거라. 그러면 너를 기다리는 색시가 있으니 장가를 들어라."

꿈에 미륵님이 떡하고 나타나서 이렇게 말씀하시는 거였지요. 총각은 꿈에서 깨서 미륵님이 시키는 대로 했답니다. 한참을 가니 길가에 웬 색시가 서 있었지요.

"아니, 이 깊은 밤중에 여기서 무얼 하시오?"

"꿈속에 미륵님이 나타나 이리로 가라 해서 왔습니다."

"나도 꿈에 미륵님이 나타나 이리로 가라 했소이다."

둘은 더 생각할 것도 없이 혼인을 맺었지요. 그러고는 아들 딸 낳아 알콩달콩 재미나게 살았답니다.

읽기유창성 점수: ____________

▶ 사전평가와 사후평가의 지문은 학지사 홈페이지(http://www.hakjisa.co.kr)에서 내려받을 수 있습니다.

1 단어를 빠르고 정확하게 읽기

다음 단어를 바르게 읽어 봅시다

돌미륵	총각
장가를	이끼가
둘레에	미륵님을
장기판을	차례라고
공을	공평하게
색시가	혼인을
낳아	

▶ 이 페이지의 내용은 복사하거나 학지사 홈페이지(http://www.hakjisa.co.kr)에서 내려받아 사용하세요!

다음 단어들을 빠르고 정확하게 읽어 봅시다

돌미륵	총각	장가를	이끼가	둘레에
미륵님을	장기판을	차례라고	공을	공평하게
색시가	혼인을	낳아	총각	이끼가
미륵님을	차례라고	공평하게	혼인을	낳아
색시가	공을	장기판을	둘레에	장가를
돌미륵	둘레에	색시가	차례라고	총각
장가를	미륵님을	혼인을	공을	돌미륵
이끼가	장기판을	낳아	공평하게	색시가
공평하게	총각	이끼가	미륵님을	혼인을
낳아	차례라고	돌미륵	장가를	둘레에
장기판을	공을	장가를	공평하게	공을
미륵님을	돌미륵	이끼가	혼인을	장기판을
차례라고	총각	둘레에	낳아	색시가

2 어휘의 뜻 알아보기

다음 단어를 알아봅시다

예시문을 읽고, 내가 생각하는 단어의 뜻을 써 봅시다.

올바른 단어의 뜻을 써 봅시다.

정의

장가

예시문 어찌나 가난했던지 마흔이 되도록 장가를 못 갔답니다.

반대말

•

•

•

문장 만들기

새로운 문장을 만들어 써 봅시다.

도전문제

'장가 간다'는 말은 언제 쓰나요?

예시문을 읽고, 내가 생각하는 단어의 뜻을 써 봅시다.

____

올바른 단어의 뜻을 써 봅시다.

____

정의

공

예시문 미륵님 차례에도 공을 들여 정직하게 두었답니다.

비슷한 말

- ____________
- ____________
- ____________

문장 만들기

비슷한 말을 넣어서 문장을 완성해 봅시다.

미륵님 차례에도 ____________을 들여 정직하게 두었답니다.

새로운 문장을 만들어 써 봅시다.

____

도전문제

주로 언제 '공'을 들이나요?

____

____

예시문을 읽고, 내가 생각하는 단어의 뜻을 써 봅시다.

올바른 단어의 뜻을 써 봅시다.

정의

비슷한 말

-
-
-

공평하다

예시문 그렇게 공평하게 두었는데도 끝에는 총각이 덜컥 이겼지요.

반대말

-
-
-

문장 만들기

비슷한 말을 넣어서 문장을 완성해 봅시다.

그렇게 ____________ 두었는데도 끝에는 총각이 덜컥 이겼지요.

새로운 문장을 만들어 써 봅시다.

도전문제

공평하지 않은 대우를 받을 때 어떤 기분이 드나요?

예시문을 읽고, 내가 생각하는 단어의 뜻을 써 봅시다.

올바른 단어의 뜻을 써 봅시다.

정의

혼인

예시문 둘은 더 생각할 것도 없이 혼인을 맺었지요.

비슷한 말

•
•
•

반대말

•
•
•

문장 만들기

비슷한 말을 넣어서 문장을 완성해 봅시다.

둘은 더 생각할 것도 없이 ________ 을 맺었지요.

새로운 문장을 만들어 써 봅시다.

도전문제

혼인 예식을 본 적이 있나요? 혼인 예식 중 어떤 점이 가장 기억에 남나요?

다음 각 물음에 답해 봅시다.

1 〈보기〉의 단어와 반대말 짝이 되는 단어를 찾아서 동그라미 치세요.

보기

공평하다

1) 공정하다 2) 불공평하다 3) 똑같다

2 〈보기〉의 단어와 비슷한 말 짝이 되는 단어를 찾아서 동그라미 치세요.

보기

공

1) 정성 2) 공평 3) 공정

3 〈보기〉의 단어와 비슷한 말 짝이 되는 단어를 찾아서 동그라미 치세요.

보기

혼인

1) 이혼 2) 결혼 3) 공

3 어구를 빠르고 정확하게 읽기

다음 어구를 바르게 읽어 봅시다

아무리 가난해도	수풀이 우거진 틈 새로
미륵님을 이렇게 함부로 모시면	둘이 두는 것처럼
빛이 나는 듯 했습니다	더 잘 두는 법이 없이
만약에 미륵님이 이기시면	너를 기다리는 색시가 있으니
더 생각할 것도 없이	

▶ 이 페이지의 내용은 복사하거나 학지사 홈페이지(http://www.hakjisa.co.kr)에서 내려받아 사용하세요!

다음 어구/절들을 빠르고 정확하게 읽어 봅시다

수풀이 우거진 틈 새로	둘이 두는 것처럼	더 잘 두는 법이 없이
아무리 가난해도	미륵님을 이렇게 함부로 모시면	만약에 미륵님이 이기시면
빛이 나는 듯 했습니다	너를 기다리는 색시가 있으니	더 생각할 것도 없이
둘이 두는 것처럼	수풀이 우거진 틈 새로	미륵님을 이렇게 함부로 모시면
더 잘 두는 법이 없이	빛이 나는 듯 했습니다	더 생각할 것도 없이
만약에 미륵님이 이기시면	아무리 가난해도	너를 기다리는 색시가 있으니
너를 기다리는 색시가 있으니	미륵님을 이렇게 함부로 모시면	더 생각할 것도 없이
아무리 가난해도	수풀이 우거진 틈 새로	빛이 나는 듯 했습니다
만약에 미륵님이 이기시면	둘이 두는 것처럼	더 잘 두는 법이 없이
더 잘 두는 법이 없이	더 생각할 것도 없이	빛이 나는 듯 했습니다
둘이 두는 것처럼	미륵님을 이렇게 함부로 모시면	수풀이 우거진 틈 새로
만약에 미륵님이 이기시면	너를 기다리는 색시가 있으니	아무리 가난해도
미륵님을 이렇게 함부로 모시면	빛이 나는 듯 했습니다	너를 기다리는 색시가 있으니
수풀이 우거진 틈 새로	더 생각할 것도 없이	아무리 가난해도
둘이 두는 것처럼	더 잘 두는 법이 없이	만약에 미륵님이 이기시면

▶ 이 페이지의 내용은 복사하거나 학지사 홈페이지(http://www.hakjisa.co.kr)에서 내려받아 사용하세요!

4 글을 빠르고 정확하게 읽기

다음 글을 / 표시된 곳에서 끊어 읽어 봅시다. 읽을 때 빠르고 정확하게 읽도록 합시다

옛날 옛날, / 어느 산마을에 / 한 총각이 / 살았습니다. / 어찌나 가난했던지 / 마흔이 되도록 / 장가를 못 갔답니다. / 총각은 / 아무리 가난해도 / 착한 마음만큼은 버리지 않았습니다. /

하루는 / 날마다 오르는 산에 가서 / 나무를 했습니다. / 그런데 / 수풀이 우거진 틈 새로 / 돌미륵이 / 보였어요. / 돌미륵에 / 이끼가 잔뜩 끼고 / 둘레에 / 풀이 많았답니다. /

'아니, / 미륵님을 이렇게 함부로 모시면/ 벌을 받지.' /

총각은 / 이렇게 생각하면서 / 이끼를 걷어내고 / 풀을 뽑았지요. / 둘레를 깨끗이 손질하니 / 돌미륵이 / 빛이 나는 듯 했습니다. /

그러고는 / 늘 장기판을 들고 / 산에 / 나무를 하러 갔답니다. /

"미륵님, / 심심하실 텐데 / 저하고 / 장기 한판 두시지요." /

이렇게 말을 걸면서 / 저 혼자서 / 장기를 두었지요. / 한 번은 / 자기 것을 두고 / 다음은 / 미륵님 것을 두고. / 혼자서 두었지만 / 둘이 두는 것처럼 / 열심히 두었답니다. / 그러니 / 총각이 / 이길 때도 있고, / 미륵님이 / 이길 때도 있었지요. /

하루는 / 총각이 / 미륵님 앞에 / 장기판을 놓고 말했습니다. /

"미륵님, / 오늘은 / 그냥 두지 말고 / 내기를 하십시다. / 만약에 미륵님이 이기시면 / 떡을 해서 / 제사를 올리겠습니다. / 그러나 / 제가 이기면 / 장가 좀 보내 주십시오." /

자기 차례라고 / 더 잘 두는 법이 없이 / 두었지요. / 미륵님 차례에도 / 공을 들여 / 정직하게 두었답니다. / 그렇게 공평하게 두었는데도 / 끝에는 / 총각이 / 덜컥 이겼지요. /

"미륵님, / 제가 이겼으니 / 꼭 장가보내 주십시오." /

이렇게 말씀을 드리고 내려가서는 / 밤에 / 꿈을 꾸었답니다. /

"지금 당장 일어나 / 동쪽 길로 가 보거라. / 그러면 / 너를 기다리는 색시가 있으니 / 장가를 들어라." /

꿈에 / 미륵님이 / 떡하고 나타나서 / 이렇게 말씀하시는 거였지요. / 총각은 / 꿈에서 깨서 / 미륵님이 시키는 대로 했답니다. / 한참을 가니 / 길가에 / 웬 색시가 / 서 있었지요. /

"아니, / 이 깊은 밤중에 / 여기서 / 무얼 하시오?" /

"꿈속에 / 미륵님이 나타나 / 이리로 가라 해서 왔습니다." /

"나도 / 꿈에 / 미륵님이 나타나 / 이리로 가라 했소이다." /

둘은 / 더 생각할 것도 없이 / 혼인을 맺었지요. / 그러고는 / 아들 딸 낳아 / 알콩달콩 재미나게 살았답니다. /

6 이야기 지도 사용하여 글 읽고 이해하기: 인물, 시장, 사건, 끝을 기억하며 글의 내용 파악하기

'이야기 지도(인물, 시장, 사건, 끝)'를 사용하여 글의 내용을 파악해 봅시다

돌미륵과 장기 두는 총각

옛날 옛날, 어느 산마을에 한 총각이 살았습니다. 어찌나 가난했던지 마흔이 되도록 장가를 못 갔답니다. 총각은 아무리 가난해도 착한 마음만큼은 버리지 않았습니다.

하루는 날마다 오르는 산에 가서 나무를 했습니다. 그런데 수풀이 우거진 틈 새로 돌미륵이 보였어요. 돌미륵에 이끼가 잔뜩 끼고 둘레에 풀이 많았답니다.

'아니, 미륵님을 이렇게 함부로 모시면 벌을 받지.'

총각은 이렇게 생각하면서 이끼를 걷어내고 풀을 뽑았지요. 둘레를 깨끗이 손질하니 돌미륵이 빛이 나는 듯 했습니다.

그러고는 늘 장기판을 들고 산에 나무를 하러 갔답니다.

"미륵님, 심심하실 텐데 저하고 장기 한판 두시지요."

이렇게 말을 걸면서 저 혼자서 장기를 두었지요. 한 번은 자기 것을 두고 다음은 미륵님 것을 두고. 혼자서 두었지만 둘이 두는 것처럼 열심히 두었답니다. 그러니 총각이 이길 때도 있고, 미륵님이 이길 때도 있었지요.

하루는 총각이 미륵님 앞에 장기판을 놓고 말했습니다.

"미륵님, 오늘은 그냥 두지 말고 내기를 하십시다. 만약에 미륵님이 이기시면 떡을 해서 제사를 올리겠습니다. 그러나 제가 이기면 장가 좀 보내 주십시오."

자기 차례라고 더 잘 두는 법이 없이 두었지요. 미륵님 차례에도 공을 들여 정직하게 두었답니다. 그렇게 공평하게 두었는데도 끝에는 총각이 덜컥 이겼지요.

"미륵님, 제가 이겼으니 꼭 장가보내 주십시오."

이렇게 말씀을 드리고 내려가서는 밤에 꿈을 꾸었답니다.

"지금 당장 일어나 동쪽 길로 가 보거라. 그러면 너를 기다리는 색시가 있으니 장가를 들어라."

꿈에 미륵님이 떡하고 나타나서 이렇게 말씀하시는 거였지요. 총각은 꿈에서 깨서 미륵님이 시키는 대로 했답니다. 한참을 가니 길가에 웬 색시가 서 있었지요.

"아니, 이 깊은 밤중에 여기서 무얼 하시오?"

"꿈속에 미륵님이 나타나 이리로 가라 해서 왔습니다."

"나도 꿈에 미륵님이 나타나 이리로 가라 했소이다."

둘은 더 생각할 것도 없이 혼인을 맺었지요. 그러고는 아들 딸 낳아 알콩달콩 재미나게 살았답니다.

제목: 돌미륵과 장기 두는 총각

1 **인물** 이야기에 등장하는 인물은 누구인가요?

2 **시간과 장소** 언제, 어디에서 일어난 이야기인가요?

시간:

장소:

3 **사건들** 인물에게 어떤 일들이 일어났나요? 일이 어떠한 차례로 일어났나요?

4 **끝** 이야기가 어떻게 끝났나요?

7 글의 주제 알기

글의 주제를 알아봅시다

글의 주제는 글쓴이가 읽는 이에게 말하고자 하는 생각 또는 의견입니다. 글의 주제는 '~하자. 해야 한다' 또는 '~하지 말자. 하지 말아야 한다'로 만들 수 있습니다.

'돌미륵과 장기 두는 총각'을 읽고, 글의 주제를 써 봅시다.

읽기유창성

지시문

앞에 있는 종이에 글이 있어요. 이제 선생님이 "시작"이라고 하면(학생용 평가지의 첫 어절을 손가락으로 가리킨 후, 계속 훑으면서) 처음부터 읽기 시작해서 "그만"이라고 할 때까지 최대한 정확하게, 그리고 최대한 빨리 읽으세요. 글을 읽다가 모르는 글자가 나오면 선생님이 어떻게 해야 할지 알려 줄게요. 최선을 다하세요. 질문 있어요? (질문이 있으면 질문에 대답한다.) 준비, 시작. (학생이 첫 어절을 말함과 동시에 타이머를 누르고 1분간 학생의 반응을 기록한 뒤 1분이 지나면 "그만"이라고 말한다.)

옛날 옛날, 어느 산마을에 한 총각이 살았습니다. 어찌나 가난했던지 마흔이 되도록 장가를 못 갔답니다. 총각은 아무리 가난해도 착한 마음만큼은 버리지 않았습니다.

하루는 날마다 오르는 산에 가서 나무를 했습니다. 그런데 수풀이 우거진 틈 새로 돌미륵이 보였어요. 돌미륵에 이끼가 잔뜩 끼고 둘레에 풀이 많았답니다.

'아니, 미륵님을 이렇게 함부로 모시면 벌을 받지.'

총각은 이렇게 생각하면서 이끼를 걷어내고 풀을 뽑았지요. 둘레를 깨끗이 손질하니 돌미륵이 빛이 나는 듯 했습니다.

그러고는 늘 장기판을 들고 산에 나무를 하러 갔답니다.

"미륵님, 심심하실 텐데 저하고 장기 한판 두시지요."

이렇게 말을 걸면서 저 혼자서 장기를 두었지요. 한 번은 자기 것을 두고 다음은 미륵님 것을 두고. 혼자서 두었지만 둘이 두는 것처럼 열심히 두었답니다. 그러니 총각이 이길 때도 있고, 미륵님이 이길 때도 있었지요.

하루는 총각이 미륵님 앞에 장기판을 놓고 말했습니다.

"미륵님, 오늘은 그냥 두지 말고 내기를 하십시다. 만약에 미륵님이 이기시면 떡을 해서 제사를 올리겠습니다. 그러나 제가 이기면 장가 좀 보내 주십시오."

자기 차례라고 더 잘 두는 법이 없이 두었지요. 미륵님 차례에도 공을 들여 정직하게 두었답니다. 그렇게 공평하게 두었는데도 끝에는 총각이 덜컥 이겼지요.

"미륵님, 제가 이겼으니 꼭 장가보내 주십시오."

이렇게 말씀을 드리고 내려가서는 밤에 꿈을 꾸었답니다.

"지금 당장 일어나 동쪽 길로 가 보거라. 그러면 너를 기다리는 색시가 있으니 장가를 들어라."

꿈에 미륵님이 떡하고 나타나서 이렇게 말씀하시는 거였지요. 총각은 꿈에서 깨서 미륵님이 시키는 대로 했답니다. 한참을 가니 길가에 웬 색시가 서 있었지요.

"아니, 이 깊은 밤중에 여기서 무얼 하시오?"

"꿈속에 미륵님이 나타나 이리로 가라 해서 왔습니다."

"나도 꿈에 미륵님이 나타나 이리로 가라 했소이다."

둘은 더 생각할 것도 없이 혼인을 맺었지요. 그러고는 아들 딸 낳아 알콩달콩 재미나게 살았답니다.

읽기유창성 점수: ________

▶ 사전평가와 사후평가의 지문은 학지사 홈페이지(http://www.hakjisa.co.kr)에서 내려받을 수 있습니다.

읽기이해

다음 질문에 최대한 자세히 답을 써 주세요.
(※ 쓰는 것이 어려운 학생의 경우, 구두로 답하도록 하세요.)

1 이 이야기에 나오는 인물은 누구인가요? 두 사람을 써 보세요.

2 언제, 어디에서 있었던 일인가요?

1) 언제:

2) 어디서:

3 총각은 왜 마흔이 되도록 장가를 가지 못했나요?

4 총각이 돌미륵에게 장기 내기를 하자고 한 까닭은 무엇일까요?

5 총각은 장기 내기에서 미륵이 이기면 어떻게 한다고 하였나요?

6 총각과 색시는 어떻게 만나게 되었나요?

7 이야기는 우리에게 어떤 교훈을 주나요? 그것을 어떻게 알 수 있는지 글에서 찾아 써 보세요.

1) 우리에게 어떤 교훈을 주나요?

2) 그것을 어떻게 알 수 있나요?

3. 우리에게 정말 필요한 것

학 ◇ 습 ◇ 목 ◇ 표

- 글을 읽을 때, 적당한 부분에서 글을 빠르고 정확하게 끊어 읽을 수 있다.
- 글을 읽고, 글의 중심내용과 글의 주제를 파악할 수 있다.

사 ◇ 전 ◇ 평 ◇ 가

지시문

앞에 있는 종이에 글이 있어요. 이제 선생님이 "시작"이라고 하면(학생용 평가지의 첫 어절을 손가락으로 가리킨 후, 계속 훑으면서) 처음부터 읽기 시작해서 "그만"이라고 할 때까지 최대한 정확하게, 그리고 최대한 빨리 읽으세요. 글을 읽다가 모르는 글자가 나오면 선생님이 어떻게 해야 할지 알려 줄게요. 최선을 다하세요. 질문 있어요? (질문이 있으면 질문에 대답한다.) 준비, 시작. (학생이 첫 어절을 말함과 동시에 타이머를 누르고 1분간 학생의 반응을 기록한 뒤 1분이 지나면 "그만"이라고 말한다.)

옛날 어느 마을에 나룻배를 모는 뱃사공이 살았습니다. 뱃사공은 날마다 나룻배를 타고 사람들을 실어 날랐지요. 하루는 뱃사공이 나루터에서 선비 한 사람을 태웠습니다. 다른 손님은 없고 오로지 선비와 뱃사공 둘뿐이었지요.

한참을 가다가 심심했던지 선비가 뱃사공에게 말을 걸었습니다.

"여보시오, 당신은 그 유명한 논어를 읽어 보았소?"

논어라는 책은 한문으로 된 아주 어려운 책입니다. 자기는 한문책도 읽을 줄 안다고 뽐내려고 그랬답니다. 그런데 뱃사공이 어려운 한문책을 읽었을 리가 없었지요.

"아이고, 제가 어찌 그 어려운 책을 읽었겠습니까?"

그랬더니 선비가 슬며시 비웃으며 뱃사공에게 이렇게 말했습니다.

"어허, 그 유명한 논어를 아직도 못 읽었다고요. 그러면 사공 목숨은 반쯤은 없는 것과 같습니다. 논어를 읽을 수 있다는 것은 목숨처럼 중요하니까요."

조금 있다가 선비는 거들먹거리며 또 뱃사공에게 말했습니다.

"여보시오, 그렇다면 그 유명한 통감은 읽어 보았소?"

통감도 논어처럼 아주 어려운 한문으로 된 책이었지요. 이번에도 뱃사공이 어려운 한문책을 읽었을 리가 없었지요.

"아이고, 제가 어찌 그 어려운 책을 읽었겠습니까? 저는 나룻배를 몰면서 사람들을 실어 나를 뿐이지요."

"그러면 사공 목숨은 또 반쯤 없는 셈이구려."

또 한참을 가다 선비가 뱃사공에게 거들먹거리며 물었습니다.

"여보시오, 그렇다면 그 유명한 대학은 읽어 보았소?"

이제 슬슬 뱃사공이 화가 치밀어 오르기 시작했습니다.

"배만 잘 몰면 되었지, 한문책이 무슨 소용입니까?"

"대학도 못 읽었다면 사공 목숨은 의미가 없소이다."

뱃사공은 화를 참고 조금 있다 선비에게 말했지요.

"선비님은 바다나 강에서 헤엄을 칠 줄 아십니까?"

"선비가 책만 읽으면 되지 헤엄이 무슨 소용이오."

"그렇다면 선비님의 목숨은 이제 죽은 목숨과도 같습니다."

뱃사공은 이렇게 말하고는 노를 버리고 강물로 뛰어들었습니다. 강 한가운데 선비를 남겨 두고 헤엄을 쳐서 가 버렸답니다. 선비는 놀라서 뱃사공에게 제발 살려 달라고 큰 소리로 소리쳤습니다. 하지만 뱃사공은 들은 척도 하지 않고 가 버렸답니다.

읽기유창성 점수: ____________

▶ 사전평가와 사후평가의 지문은 학지사 홈페이지(http://www.hakjisa.co.kr)에서 내려받을 수 있습니다.

1 단어를 빠르고 정확하게 읽기

다음 단어를 바르게 읽어 봅시다

나룻배를	뱃사공이
심심했던지	논어를
뽐내려고	거들먹거리며
통감은	읽었겠습니까
대학은	소용입니까
의미가	

다음 단어들을 빠르고 정확하게 읽어 봅시다

논어를	나룻배를	읽었겠습니까	거들먹거리며	뱃사공이
심심했던지	통감은	뽐내려고	소용입니까	대학은
의미가	거들먹거리며	뱃사공이	나룻배를	의미가
읽었겠습니까	심심했던지	대학은	논어를	뽐내려고
통감은	소용입니까	나룻배를	읽었겠습니까	거들먹거리며
대학은	뱃사공이	소용입니까	통감은	심심했던지
뽐내려고	논어를	의미가	뱃사공이	나룻배를
거들먹거리며	통감은	읽었겠습니까	의미가	논어를
대학은	심심했던지	뽐내려고	소용입니까	의미가
소용입니까	나룻배를	통감은	뽐내려고	거들먹거리며
논어를	읽었겠습니까	심심했던지	대학은	뱃사공이

2 어휘의 뜻 알아보기

다음 단어를 알아봅시다

예시문을 읽고, 내가 생각하는 단어의 뜻을 써 봅시다.

올바른 단어의 뜻을 써 봅시다.

정의

심심하다

예시문 한참을 가다가 심심했던지 선비가 뱃사공에게 말을 걸었습니다.

비슷한 말

•

•

•

반대말

•

•

•

문장 만들기

비슷한 말을 넣어서 문장을 완성해 봅시다.

한참을 가다가 ______ 선비가 뱃사공에게 말을 걸었습니다.

새로운 문장을 만들어 써 봅시다.

도전문제

심심할 때, 주로 무엇을 하나요?

예시문을 읽고, 내가 생각하는 단어의 뜻을 써 봅시다.

올바른 단어의 뜻을 써 봅시다.

정의

뽐내다

예시문 자기는 한문책도 읽을 줄 안다고 뽐내려고 그랬답니다.

비슷한 말

-
-
-

문장 만들기

비슷한 말을 넣어서 문장을 완성해 봅시다.

자기는 한문책도 읽을 줄 안다고 ______________ 그랬답니다.

새로운 문장을 만들어 써 봅시다.

도전문제

무언가를 뽐내고 싶은 적이 있나요?

예시문을 읽고, 내가 생각하는 단어의 뜻을 써 봅시다.

올바른 단어의 뜻을 써 봅시다.

정의

거들먹거리다

예시문 조금 있다가 선비는 거들먹거리며 또 뱃사공에게 말했습니다.

비슷한 말

-
-
-

문장 만들기

비슷한 말을 넣어서 문장을 완성해 봅시다.

조금 있다가 선비는 ______________ 또 뱃사공에게 말했습니다.

새로운 문장을 만들어 써 봅시다.

도전문제

누군가가 거들먹거리는 것을 본 적이 있나요?

예시문을 읽고, 내가 생각하는 단어의 뜻을 써 봅시다.

올바른 단어의 뜻을 써 봅시다.

정의

소용

예시문 한문책이 무슨 소용입니까?

비슷한 말

-
-
-

문장 만들기

비슷한 말을 넣어서 문장을 완성해 봅시다.

한문책이 무슨 ______ 입니까?

새로운 문장을 만들어 써 봅시다.

도전문제

별 소용이 없는 물건을 샀던 적이 있나요?

다음 보기의 단어 중, 문장에 알맞은 단어를 써 봅시다.

보기

심심했다, 거들먹거리며, 소용, 뽐냈다

1 주말에 혼자 집에만 있어서 무척 ______________.

2 영훈이는 학예회에서 태권도 실력을 ______________.

3 수현이는 반장이 된 뒤 ______________ 돌아다닌다.

4 조용히 하라고 친구들에게 부탁해도 ______________이 없었다.

3 어구를 빠르고 정확하게 읽기

다음 어구를 바르게 읽어 봅시다

나룻배를 모는 뱃사공이

한문책도 읽을 줄 안다고

어려운 한문책을 읽었을 리가 없었지요

반쪽은 없는 것과 같습니다

논어를 읽을 수 있다는 것은

아주 어려운 한문으로 된 책이었지요

화가 치밀어 오르기 시작했습니다

배만 잘 몰면 되었지

제발 살려 달라고 큰 소리로 소리쳤습니다

들은 척도 하지 않고

▶ 이 페이지의 내용은 복사하거나 학지사 홈페이지(http://www.hakjisa.co.kr)에서 내려받아 사용하세요!

다음 어구/절들을 빠르고 정확하게 읽어 봅시다

반쯤은 없는 것과 같습니다	아주 어려운 한문으로 된 책이었지요	어려운 한문책을 읽었을 리가 없었지요
배만 잘 몰면 되었지	나룻배를 모는 뱃사공이	들은 척도 하지 않고
한문책도 읽을 줄 안다고	논어를 읽을 수 있다는 것은	화가 치밀어 오르기 시작했습니다
제발 살려 달라고 큰 소리로 소리쳤습니다	들은 척도 하지 않고	반쯤은 없는 것과 같습니다
어려운 한문책을 읽었을 리가 없었지요	한문책도 읽을 줄 안다고	제발 살려 달라고 큰 소리로 소리쳤습니다
나룻배를 모는 뱃사공이	화가 치밀어 오르기 시작했습니다	논어를 읽을 수 있다는 것은
배만 잘 몰면 되었지	아주 어려운 한문으로 된 책이었지요	배만 잘 몰면 되었지
논어를 읽을 수 있다는 것은	어려운 한문책을 읽었을 리가 없었지요	한문책도 읽을 줄 안다고
화가 치밀어 오르기 시작했습니다	아주 어려운 한문으로 된 책이었지요	나룻배를 모는 뱃사공이
반쯤은 없는 것과 같습니다	제발 살려 달라고 큰 소리로 소리쳤습니다	들은 척도 하지 않고
제발 살려 달라고 큰 소리로 소리쳤습니다	들은 척도 하지 않고	화가 치밀어 오르기 시작했습니다
어려운 한문책을 읽었을 리가 없었지요	배만 잘 몰면 되었지	반쯤은 없는 것과 같습니다
아주 어려운 한문으로 된 책이었지요	나룻배를 모는 뱃사공이	논어를 읽을 수 있다는 것은
한문책도 읽을 줄 안다고	들은 척도 하지 않고	배만 잘 몰면 되었지
화가 치밀어 오르기 시작했습니다	반쯤은 없는 것과 같습니다	어려운 한문책을 읽었을 리가 없었지요
논어를 읽을 수 있다는 것은	한문책도 읽을 줄 안다고	아주 어려운 한문으로 된 책이었지요
나룻배를 모는 뱃사공이	제발 살려 달라고 큰 소리로 소리쳤습니다	들은 척도 하지 않고

4 글을 빠르고 정확하게 읽기

다음 글을 / 표시된 곳에서 끊어 읽어 봅시다. 읽을 때 빠르고 정확하게 읽도록 합시다

옛날 / 어느 마을에 / 나룻배를 모는 뱃사공이 / 살았습니다. / 뱃사공은 / 날마다 / 나룻배를 타고 / 사람들을 실어 날랐지요. / 하루는 / 뱃사공이 / 나루터에서 / 선비 한 사람을 태웠습니다. / 다른 손님은 없고 / 오로지 / 선비와 뱃사공 둘뿐이었지요. /

한참을 가다가 / 심심했던지 / 선비가 / 뱃사공에게 말을 걸었습니다. /

"여보시오, / 당신은 / 그 유명한 논어를 읽어 보았소?" /

논어라는 책은 / 한문으로 된 아주 어려운 책입니다. / 자기는 / 한문책도 읽을 줄 안다고 / 뽐내려고 그랬답니다. / 그런데 / 뱃사공이 / 어려운 한문책을 읽었을 리가 없었지요. /

"아이고, / 제가 / 어찌 / 그 어려운 책을 읽었겠습니까?" /

그랬더니 / 선비가 / 슬며시 비웃으며 / 뱃사공에게 이렇게 말했습니다. /

"어허, / 그 유명한 논어를 / 아직도 못 읽었다고요. / 그러면 / 사공 목숨은 / 반쯤은 없는 것과 같습니다. / 논어를 읽을 수 있다는 것은 / 목숨처럼 중요하니까요." /

조금 있다가 / 선비는 / 거들먹거리며 / 또 뱃사공에게 말했습니다. /

"여보시오, / 그렇다면 / 그 유명한 통감은 읽어 보았소?" /

통감도 / 논어처럼 / 아주 어려운 한문으로 된 책이었지요. / 이번에도 뱃사공이 / 어려운 한문책을 읽었을 리가 없었지요. /

"아이고, / 제가 / 어찌 / 그 어려운 책을 읽었겠습니까? / 저는 / 나룻배를 몰면서 / 사람들을 실어 나를 뿐이지요." /

"그러면 / 사공 목숨은 / 또 반쯤 없는 셈이구려." /

또 한참을 가다 / 선비가 / 뱃사공에게 거들먹거리며 물었습니다. /

"여보시오, / 그렇다면 / 그 유명한 대학은 읽어 보았소?" /

이제 슬슬 / 뱃사공이 / 화가 치밀어 오르기 시작했습니다. /

"배만 잘 몰면 되었지, / 한문책이 / 무슨 소용입니까?" /

"대학도 못 읽었다면 / 사공 목숨은 / 의미가 없소이다." /

뱃사공은 / 화를 참고 / 조금 있다 / 선비에게 말했지요. /

“선비님은 / 바다나 강에서 / 헤엄을 칠 줄 아십니까?” /

“선비가 / 책만 읽으면 되지 / 헤엄이 / 무슨 소용이오.” /

“그렇다면 / 선비님의 목숨은 / 이제 죽은 목숨과도 같습니다.” /

뱃사공은 / 이렇게 말하고는 / 노를 버리고 / 강물로 뛰어들었습니다. / 강 한가운데 / 선비를 남겨 두고 / 헤엄을 쳐서 가 버렸답니다. / 선비는 놀라서 / 뱃사공에게 / 제발 살려 달라고 큰 소리로 소리쳤습니다. / 하지만 / 뱃사공은 / 들은 척도 하지 않고 / 가 버렸답니다. /

6 이야기 지도 사용하여 글 읽고 이해하기: 인물, 시장, 사건, 끝을 기억하며 글의 내용 파악하기

'이야기 지도(인물, 시장, 사건, 끝)'를 사용하여 글의 내용을 파악해 봅시다

우리에게 정말 필요한 것

옛날 어느 마을에 나룻배를 모는 뱃사공이 살았습니다. 뱃사공은 날마다 나룻배를 타고 사람들을 실어 날랐지요. 하루는 뱃사공이 나루터에서 선비 한 사람을 태웠습니다. 다른 손님은 없고 오로지 선비와 뱃사공 둘뿐이었지요.

한참을 가다가 심심했던지 선비가 뱃사공에게 말을 걸었습니다.

"여보시오, 당신은 그 유명한 논어를 읽어 보았소?"

논어라는 책은 한문으로 된 아주 어려운 책입니다. 자기는 한문책도 읽을 줄 안다고 뽐내려고 그랬답니다. 그런데 뱃사공이 어려운 한문책을 읽었을 리가 없었지요.

"아이고, 제가 어찌 그 어려운 책을 읽었겠습니까?"

그랬더니 선비가 슬며시 비웃으며 뱃사공에게 이렇게 말했습니다.

"어허, 그 유명한 논어를 아직도 못 읽었다고요. 그러면 사공 목숨은 반쯤은 없는 것과 같습니다. 논어를 읽을 수 있다는 것은 목숨처럼 중요하니까요."

조금 있다가 선비는 거들먹거리며 또 뱃사공에게 말했습니다.

"여보시오, 그렇다면 그 유명한 통감은 읽어 보았소?"

통감도 논어처럼 아주 어려운 한문으로 된 책이었지요. 이번에도 뱃사공이 어려운 한문책을 읽었을 리가 없었지요.

"아이고, 제가 어찌 그 어려운 책을 읽었겠습니까? 저는 나룻배를 몰면서 사람들을 실어 나를 뿐이지요."

"그러면 사공 목숨은 또 반쯤 없는 셈이구려."

또 한참을 가다 선비가 뱃사공에게 거들먹거리며 물었습니다.

"여보시오, 그렇다면 그 유명한 대학은 읽어 보았소?"

이제 슬슬 뱃사공이 화가 치밀어 오르기 시작했습니다.

"배만 잘 몰면 되었지, 한문책이 무슨 소용입니까?"

"대학도 못 읽었다면 사공 목숨은 의미가 없소이다."

뱃사공은 화를 참고 조금 있다 선비에게 말했지요.

"선비님은 바다나 강에서 헤엄을 칠 줄 아십니까?"

"선비가 책만 읽으면 되지 헤엄이 무슨 소용이오."

"그렇다면 선비님의 목숨은 이제 죽은 목숨과도 같습니다."

뱃사공은 이렇게 말하고는 노를 버리고 강물로 뛰어들었습니다. 강 한가운데 선비를 남겨 두고 헤엄을 쳐서 가 버렸답니다. 선비는 놀라서 뱃사공에게 제발 살려 달라고 큰 소리로 소리쳤습니다. 하지만 뱃사공은 들은 척도 하지 않고 가 버렸답니다.

제목: 우리에게 정말 필요한 것

1 **인물** 이야기에 등장하는 인물은 누구인가요?

2 **시간과 장소** 언제, 어디에서 일어난 이야기인가요?

시간:

장소:

3 **사건들** 인물에게 어떤 일들이 일어났나요? 일이 어떠한 차례로 일어났나요?

4 **끝** 이야기가 어떻게 끝났나요?

7 글의 주제 알기

글의 주제를 알아봅시다

글의 주제는 글쓴이가 읽는 이에게 말하고자 하는 생각 또는 의견입니다. 글의 주제는 '~하자. 해야 한다' 또는 '~하지 말자. 하지 말아야 한다'로 만들 수 있습니다.

'우리에게 정말 필요한 것'을 읽고, 글의 주제를 써 봅시다.

읽기유창성

지시문

앞에 있는 종이에 글이 있어요. 이제 선생님이 "시작"이라고 하면(학생용 평가지의 첫 어절을 손가락으로 가리킨 후, 계속 훑으면서) 처음부터 읽기 시작해서 "그만"이라고 할 때까지 최대한 정확하게, 그리고 최대한 빨리 읽으세요. 글을 읽다가 모르는 글자가 나오면 선생님이 어떻게 해야 할지 알려 줄게요. 최선을 다하세요. 질문 있어요? (질문이 있으면 질문에 대답한다.) 준비, 시작. (학생이 첫 어절을 말함과 동시에 타이머를 누르고 1분간 학생의 반응을 기록한 뒤 1분이 지나면 "그만"이라고 말한다.)

옛날 어느 마을에 나룻배를 모는 뱃사공이 살았습니다. 뱃사공은 날마다 나룻배를 타고 사람들을 실어 날랐지요. 하루는 뱃사공이 나루터에서 선비 한 사람을 태웠습니다. 다른 손님은 없고 오로지 선비와 뱃사공 둘뿐이었지요.

한참을 가다가 심심했던지 선비가 뱃사공에게 말을 걸었습니다.

"여보시오, 당신은 그 유명한 논어를 읽어 보았소?"

논어라는 책은 한문으로 된 아주 어려운 책입니다. 자기는 한문책도 읽을 줄 안다고 뽐내려고 그랬답니다. 그런데 뱃사공이 어려운 한문책을 읽었을 리가 없었지요.

"아이고, 제가 어찌 그 어려운 책을 읽었겠습니까?"

그랬더니 선비가 슬며시 비웃으며 뱃사공에게 이렇게 말했습니다.

"어허, 그 유명한 논어를 아직도 못 읽었다고요. 그러면 사공 목숨은 반쯤은 없는 것과 같습니다. 논어를 읽을 수 있다는 것은 목숨처럼 중요하니까요."

조금 있다가 선비는 거들먹거리며 또 뱃사공에게 말했습니다.

"여보시오, 그렇다면 그 유명한 통감은 읽어 보았소?"

통감도 논어처럼 아주 어려운 한문으로 된 책이었지요. 이번에도 뱃사공이 어려운 한문책을 읽었을 리가 없었지요.

"아이고, 제가 어찌 그 어려운 책을 읽었겠습니까? 저는 나룻배를 몰면서 사람들을 실어 나를 뿐이지요."

"그러면 사공 목숨은 또 반쯤 없는 셈이구려."

또 한참을 가다 선비가 뱃사공에게 거들먹거리며 물었습니다.

"여보시오, 그렇다면 그 유명한 대학은 읽어 보았소?"

이제 슬슬 뱃사공이 화가 치밀어 오르기 시작했습니다.

"배만 잘 몰면 되었지, 한문책이 무슨 소용입니까?"

"대학도 못 읽었다면 사공 목숨은 의미가 없소이다."

뱃사공은 화를 참고 조금 있다 선비에게 말했지요.

"선비님은 바다나 강에서 헤엄을 칠 줄 아십니까?"

"선비가 책만 읽으면 되지 헤엄이 무슨 소용이오."

"그렇다면 선비님의 목숨은 이제 죽은 목숨과도 같습니다."

뱃사공은 이렇게 말하고는 노를 버리고 강물로 뛰어들었습니다. 강 한가운데 선비를 남겨 두고 헤엄을 쳐서 가 버렸답니다. 선비는 놀라서 뱃사공에게 제발 살려 달라고 큰 소리로 소리쳤습니다. 하지만 뱃사공은 들은 척도 하지 않고 가 버렸답니다.

읽기유창성 점수: ____________

▶ 사전평가와 사후평가의 지문은 학지사 홈페이지(http://www.hakjisa.co.kr)에서 내려받을 수 있습니다.

읽기이해

다음 질문에 최대한 자세히 답을 써 주세요.

(※ 쓰는 것이 어려운 학생의 경우, 구두로 답하도록 하세요.)

1 이야기에 나오는 중심인물은 누구인가요? 두 사람을 써 보세요.

2 언제, 어디에서 있었던 일인가요?

1) 언제:

2) 어디서:

3 선비가 무엇을 뽐내려고 했나요?

4 화가 난 뱃사공이 선비를 어떻게 하였나요?

5 선비의 목숨이 왜 죽은 목숨과도 같다고 하였나요?

6 뱃사공이 떠나자 선비는 어떻게 하였나요?

7 우리도 선비와 같이 되지 않으려면 어떻게 하여야 할까요? 그것을 어떻게 알 수 있는지 글에서 찾아 써 보세요.

1) 어떻게 해야 할까요?

2) 그것을 어떻게 알 수 있나요?

4. 돼지가 '꿀꿀'하고 우는 이유

학 ◇ 습 ◇ 목 ◇ 표

- 글을 읽을 때, 적당한 부분에서 글을 빠르고 정확하게 끊어 읽을 수 있다.
- 글을 읽고, 글의 중심내용과 글의 주제를 파악할 수 있다.

사 ◇ 전 ◇ 평 ◇ 가

지시문

앞에 있는 종이에 글이 있어요. 이제 선생님이 "시작"이라고 하면(학생용 평가지의 첫 어절을 손가락으로 가리킨 후, 계속 훑으면서) 처음부터 읽기 시작해서 "그만"이라고 할 때까지 최대한 정확하게, 그리고 최대한 빨리 읽으세요. 글을 읽다가 모르는 글자가 나오면 선생님이 어떻게 해야 할지 알려 줄게요. 최선을 다하세요. 질문 있어요? (질문이 있으면 질문에 대답한다.) 준비, 시작. (학생이 첫 어절을 말함과 동시에 타이머를 누르고 1분간 학생의 반응을 기록한 뒤 1분이 지나면 "그만"이라고 말한다.)

옛날 옛적 호랑이 담배 피울 적에 있었던 일이야. 하루는 배고픈 여우가 산길을 어슬렁거리고 있었어. 산모퉁이를 막 돌아서는데 눈앞에 사과나무가 나타났네. 그것도 주먹만 한 사과가 주렁주렁 매달린 나무였지. 그런데 사과가 죄다 높은 곳에 달려 있어. 그래서 여우가 궁리를 하다 돼지 친구를 찾아갔지.

"돼지야, 돼지야, 사과가 주렁주렁 매달렸는데 같이 먹으러 가자."

"정말? 그래 같이 가자."

욕심 많은 돼지는 좋다고 여우를 따라 갔어. 힘 좋은 돼지가 사과나무를 머리로 쿵쿵 박았지. 그랬더니 사과가 와르르 떨어져 내린 거야. 그런데 못된 돼지 친구는 사과를 주워서 혼자만 먹어. 여우가 못 먹게 등을 돌리고 사과를 품고 먹었지. 그러니 여우가 얼마나 화가 나겠어.

"흥, 욕심쟁이 같으니라고. 어디 한번 두고 보자."

그러고 며칠 뒤에 여우가 산길을 가다 벌집을 봤어. 여우가 꾀가 생겨 얼른 돼지 친구를 찾아갔지.

"돼지야, 돼지야, 벌집에 꿀이 가득한데 같이 먹으러 가자."

"정말? 그래 같이 가자."

욕심 많은 돼지는 이번에도 좋다고 따라갔지. 여우가 봐 둔 벌집까지 가서 여우가 먼저 말했어.

"꿀은 말이야, 인절미에 발라 먹어야 제 맛이거든. 마을에서 인절미를 얻어 올 테니 꿀을 지키렴."

그러고는 마을로 가는 척하다 큰 나무 뒤에 숨었지. 돼지가 생각하니 여우를 기다렸다가는 꿀을 나눠 먹어야겠거든.

'안 되겠다, 여우가 오기 전에 혼자서 다 먹어야지.'

이렇게 생각하고는 주둥이를 벌집에 디밀고 빨아 먹었어. 그러니 어찌 됐겠어? 벌들이 우르르 나와서 돼지를 마구 쏘아 댔지. 돼지는 혼이 다 빠지도록 앞도 안 보고 달렸어. 겨우 도망을 쳤지만 벌에 쏘여 몸이 퉁퉁 부었지.

"꿀, 꿀, 꿀이 원수지. 꿀, 꿀, 꿀이 원수야."

틈만 나면 이렇게 말하다 버릇이 돼서 '꿀꿀'한다는 거야.

읽기유창성 점수: ____________

▶ 사전평가와 사후평가의 지문은 학지사 홈페이지(http://www.hakjisa.co.kr)에서 내려받을 수 있습니다.

1 단어를 빠르고 정확하게 읽기

다음 단어를 바르게 읽어 봅시다

어슬렁거리고	산모퉁이를
쬐다	궁리를
매달렸는데	벌집을
가득한데	인절미에
먹어야겠거든	디밀고
혼이	

▶ 이 페이지의 내용은 복사하거나 학지사 홈페이지(http://www.hakjisa.co.kr)에서 내려받아 사용하세요!

다음 단어들을 빠르고 정확하게 읽어 봅시다

매달렸는데	어슬렁거리고	가득한데	죄다	궁리를
산모퉁이를	먹어야겠거든	벌집을	인절미에	디밀고
혼이	죄다	궁리를	매달렸는데	혼이
산모퉁이를	벌집을	인절미에	먹어야겠거든	어슬렁거리고
가득한데	디밀고	죄다	궁리를	산모퉁이를
먹어야겠거든	매달렸는데	디밀고	어슬렁거리고	가득한데
벌집을	인절미에	혼이	매달렸는데	죄다
산모퉁이를	궁리를	인절미에	디밀고	벌집을
가득한데	어슬렁거리고	먹어야겠거든	혼이	궁리를
죄다	벌집을	매달렸는데	어슬렁거리고	가득한데
산모퉁이를	혼이	디밀고	먹어야겠거든	인절미에

▶ 이 페이지의 내용은 복사하거나 학지사 홈페이지(http://www.hakjisa.co.kr)에서 내려받아 사용하세요!

2 어휘의 뜻 알아보기

다음 단어를 알아봅시다

예시문을 읽고, 내가 생각하는 단어의 뜻을 써 봅시다.

____

올바른 단어의 뜻을 써 봅시다.

____

정의

궁리

예시문 그래서 여우가 궁리를 하다 돼지 친구를 찾아갔지.

비슷한 말

- ______
- ______
- ______

문장 만들기

비슷한 말을 넣어서 문장을 완성해 봅시다.

그래서 여우가 ______________를 하다 돼지 친구를 찾아갔지.

새로운 문장을 만들어 써 봅시다.

____

도전문제

무언가를 열심히 궁리해서 문제를 해결한 적이 있나요?

____

____

예시문을 읽고, 내가 생각하는 단어의 뜻을 써 봅시다.

____

올바른 단어의 뜻을 써 봅시다.

____

정의

혼

예시문 돼지는 혼이 다 빠지도록 앞도 안 보고 달렸어.

비슷한 말

- ______________
- ______________
- ______________

문장 만들기

비슷한 말을 넣어서 문장을 완성해 봅시다.

돼지는 ________이 다 빠지도록 앞도 안 보고 달렸어.

새로운 문장을 만들어 써 봅시다.

____

도전문제

혼이 빠지도록 놀라거나 무서웠던 적이 있나요?

____

____

예시문을 읽고, 내가 생각하는 단어의 뜻을 써 봅시다.

올바른 단어의 뜻을 써 봅시다.

정의

가득하다

예시문 벌집에 꿀이 가득한데 같이 먹으러 가자.

비슷한 말

-
-
-

반대말

-
-
-

문장 만들기

비슷한 말을 넣어서 문장을 완성해 봅시다.

벌집에 꿀이 ________ 같이 먹으러 가자.

새로운 문장을 만들어 써 봅시다.

도전문제

내 책상 서랍 안에는 무엇이 가득한가요? 왜 그런가요?

예시문을 읽고, 내가 생각하는 단어의 뜻을 써 봅시다.

____

올바른 단어의 뜻을 써 봅시다.

____

정의

매달리다

예시문 사과가 주렁주렁 매달렸는데 같이 먹으러 가자.

비슷한 말

- ______________
- ______________
- ______________

문장 만들기

비슷한 말을 넣어서 문장을 완성해 봅시다.

사과가 주렁주렁 ______________ 같이 먹으러 가자.

새로운 문장을 만들어 써 봅시다.

____

도전문제

원숭이와 강아지 중에 매달릴 수 있는 동물은 어떤 동물인가요? 왜 그렇게 생각하나요?

____

____

다음 보기의 단어 중, 문장에 알맞은 단어를 써 봅시다.

보기

궁리, 혼, 가득했다, 매달렸다

1 멋진 그림에 예술가의 ________이 보였다.

2 꽃향기가 방 안에 ________.

3 답을 찾기 위해 ________ 끝에 생각해 낸 방법이 있다.

4 열매가 가지 끝에 대롱대롱 ________.

3 어구를 빠르고 정확하게 읽기

다음 어구를 바르게 읽어 봅시다

호랑이도 담배 피울 적에	산모퉁이를 막 돌아서는데
좋다고 여우를 따라 갔어	사과나무를 머리로 쿵쿵 박았지
와르르 떨어져 내린 거야	사과를 주워서 혼자만 먹어
벌집에 꿀이 가득한데	여우가 봐 둔 벌집까지 가서
마을로 가는 척하다	돼지를 마구 쏘아 댔지

▶ 이 페이지의 내용은 복사하거나 학지사 홈페이지(http://www.hakjisa.co.kr)에서 내려받아 사용하세요!

다음 어구/절들을 빠르고 정확하게 읽어 봅시다

호랑이 담배 피울 적에	산모퉁이를 막 돌아서는데	좋다고 여우를 따라 갔어
사과나무를 머리로 쿵쿵 박았지	와르르 떨어져 내린 거야	사과를 주워서 혼자만 먹어
벌집에 꿀이 가득한데	여우가 봐 둔 벌집까지 가서	마을로 가는 척하다
돼지를 마구 쏘아 댔지	사과를 주워서 혼자만 먹어	호랑이 담배 피울 적에
좋다고 여우를 따라 갔어	산모퉁이를 막 돌아서는데	돼지를 마구 쏘아 댔지
여우가 봐 둔 벌집까지 가서	사과나무를 머리로 쿵쿵 박았지	벌집에 꿀이 가득한데
사과를 주워서 혼자만 먹어	호랑이 담배 피울 적에	좋다고 여우를 따라 갔어
산모퉁이를 막 돌아서는데	와르르 떨어져 내린 거야	여우가 봐 둔 벌집까지 가서
마을로 가는 척하다	벌집에 꿀이 가득한데	사과나무를 머리로 쿵쿵 박았지
와르르 떨어져 내린 거야	좋다고 여우를 따라 갔어	돼지를 마구 쏘아 댔지
사과나무를 머리로 쿵쿵 박았지	마을로 가는 척하다	산모퉁이를 막 돌아서는데
사과를 주워서 혼자만 먹어	돼지를 마구 쏘아 댔지	벌집에 꿀이 가득한데
좋다고 여우를 따라 갔어	여우가 봐 둔 벌집까지 가서	호랑이 담배 피울 적에
벌집에 꿀이 가득한데	와르르 떨어져 내린 거야	마을로 가는 척하다
돼지를 마구 쏘아 댔지	사과나무를 머리로 쿵쿵 박았지	산모퉁이를 막 돌아서는데
마을로 가는 척하다	호랑이 담배 피울 적에	사과를 주워서 혼자만 먹어
여우가 봐 둔 벌집까지 가서	사과나무를 머리로 쿵쿵 박았지	와르르 떨어져 내린 거야

▶ 이 페이지의 내용은 복사하거나 학지사 홈페이지(http://www.hakjisa.co.kr)에서 내려받아 사용하세요!

4 글을 빠르고 정확하게 읽기

다음 글을 / 표시된 곳에서 끊어 읽어 봅시다. 읽을 때 빠르고 정확하게 읽도록 합시다

옛날 옛적 / 호랑이 담배 피울 적에 / 있었던 일이야. / 하루는 / 배고픈 여우가 / 산길을 어슬렁거리고 있었어. / 산모퉁이를 막 돌아서는데 / 눈앞에 사과나무가 나타났네. / 그것도 / 주먹만 한 사과가 / 주렁주렁 매달린 나무였지. / 그런데 / 사과가 / 죄다 높은 곳에 / 달려 있어. / 그래서 / 여우가 / 궁리를 하다 / 돼지 친구를 찾아갔지. /

"돼지야, 돼지야, / 사과가 주렁주렁 매달렸는데 / 같이 먹으러 가자." /

"정말? / 그래 같이 가자." /

욕심 많은 돼지는 / 좋다고 여우를 따라 갔어. / 힘 좋은 돼지가 / 사과나무를 머리로 쿵쿵 박았지. / 그랬더니 / 사과가 / 와르르 떨어져 내린 거야. / 그런데 / 못된 돼지 친구는 / 사과를 주워서 혼자만 먹어. / 여우가 못 먹게 / 등을 돌리고 / 사과를 품고 먹었지. / 그러니 / 여우가 / 얼마나 화가 나겠어. /

"흥, / 욕심쟁이 같으니라고. / 어디 한번 두고 보자." /

그러고 며칠 뒤에 / 여우가 / 산길을 가다 / 벌집을 봤어. / 여우가 / 꾀가 생겨 / 얼른 돼지 친구를 찾아갔지. /

"돼지야, / 돼지야, / 벌집에 꿀이 가득한데 / 같이 먹으러 가자." /

"정말? / 그래 같이 가자." /

욕심 많은 돼지는 / 이번에도 좋다고 따라갔지. / 여우가 봐 둔 벌집까지 가서 / 여우가 먼저 말했어. /

"꿀은 말이야, / 인절미에 발라 먹어야 / 제 맛이거든. / 마을에서 / 인절미를 얻어 올 테니 / 꿀을 지키렴." /

그러고는 / 마을로 가는 척하다 / 큰 나무 뒤에 숨었지. / 돼지가 생각하니 / 여우를 기다렸다가는 / 꿀을 나눠 먹어야겠거든. /

'안 되겠다, / 여우가 오기 전에 / 혼자서 다 먹어야지.' /

이렇게 생각하고는 / 주둥이를 벌집에 디밀고 / 빨아 먹었어. / 그러니 어찌 됐겠어? / 벌들이 우르르 나와서 / 돼지를 마구 쏘아 댔지. / 돼지는 / 혼이 다 빠지도록 / 앞도 안 보고 달렸어. / 겨우 도망을 쳤지만 / 벌에 쏘여 / 몸이 퉁퉁 부었지. /

"꿀, 꿀, / 꿀이 원수지. / 꿀, 꿀, / 꿀이 원수야." /

틈만 나면 / 이렇게 말하다 / 버릇이 돼서 / '꿀꿀'한다는 거야. /

6 이야기 지도 사용하여 글 읽고 이해하기: 인물, 시장, 사건, 끝을 기억하며 글의 내용 파악하기

'이야기 지도(인물, 시장, 사건, 끝)'를 사용하여 글의 내용을 파악해 봅시다

돼지가 '꿀꿀'하고 우는 이유

옛날 옛적 호랑이 담배 피울 적에 있었던 일이야. 하루는 배고픈 여우가 산길을 어슬렁거리고 있었어. 산모퉁이를 막 돌아서는데 눈앞에 사과나무가 나타났네. 그것도 주먹만 한 사과가 주렁주렁 매달린 나무였지. 그런데 사과가 죄다 높은 곳에 달려 있어. 그래서 여우가 궁리를 하다 돼지 친구를 찾아갔지.

"돼지야, 돼지야, 사과가 주렁주렁 매달렸는데 같이 먹으러 가자."

"정말? 그래 같이 가자."

욕심 많은 돼지는 좋다고 여우를 따라 갔어. 힘 좋은 돼지가 사과나무를 머리로 쿵쿵 박았지. 그랬더니 사과가 와르르 떨어져 내린 거야. 그런데 못된 돼지 친구는 사과를 주워서 혼자만 먹어. 여우가 못 먹게 등을 돌리고 사과를 품고 먹었지. 그러니 여우가 얼마나 화가 나겠어.

"흥, 욕심쟁이 같으니라고. 어디 한번 두고 보자."

그러고 며칠 뒤에 여우가 산길을 가다 벌집을 봤어. 여우가 꾀가 생겨 얼른 돼지 친구를 찾아갔지.

"돼지야, 돼지야, 벌집에 꿀이 가득한데 같이 먹으러 가자."

"정말? 그래 같이 가자."

욕심 많은 돼지는 이번에도 좋다고 따라갔지. 여우가 봐 둔 벌집까지 가서 여우가 먼저 말했어.

"꿀은 말이야, 인절미에 발라 먹어야 제 맛이거든. 마을에서 인절미를 얻어 올 테니 꿀을 지키렴."

그러고는 마을로 가는 척하다 큰 나무 뒤에 숨었지. 돼지가 생각하니 여우를 기다렸다가는 꿀을 나눠 먹어야겠거든.

'안 되겠다, 여우가 오기 전에 혼자서 다 먹어야지.'

이렇게 생각하고는 주둥이를 벌집에 디밀고 빨아 먹었어. 그러니 어찌 됐겠어? 벌들이 우르르 나와서 돼지를 마구 쏘아 댔지. 돼지는 혼이 다 빠지도록 앞도 안 보고 달렸어. 겨우 도망을 쳤지만 벌에 쏘여 몸이 퉁퉁 부었지.

"꿀, 꿀, 꿀이 원수지. 꿀, 꿀, 꿀이 원수야."

틈만 나면 이렇게 말하다 버릇이 돼서 '꿀꿀'한다는 거야.

제목: 돼지가 '꿀꿀'하고 우는 이유

1 **인물** 이야기에 등장하는 인물은 누구인가요?

2 **시간과 장소** 언제, 어디에서 일어난 이야기인가요?

시간:

장소:

3 **사건들** 인물에게 어떤 일들이 일어났나요? 일이 어떠한 차례로 일어났나요?

4 **끝** 이야기가 어떻게 끝났나요?

7 글의 주제 알기

글의 주제를 알아봅시다

글의 주제는 글쓴이가 읽는 이에게 말하고자 하는 생각 또는 의견입니다. 글의 주제는 '~하자. 해야 한다' 또는 '~하지 말자. 하지 말아야 한다'로 만들 수 있습니다.

'돼지가 '꿀꿀'하고 우는 이유'를 읽고, 글의 주제를 써 봅시다.

읽기유창성

지시문

앞에 있는 종이에 글이 있어요. 이제 선생님이 "시작"이라고 하면(학생용 평가지의 첫 어절을 손가락으로 가리킨 후, 계속 훑으면서) 처음부터 읽기 시작해서 "그만"이라고 할 때까지 최대한 정확하게, 그리고 최대한 빨리 읽으세요. 글을 읽다가 모르는 글자가 나오면 선생님이 어떻게 해야 할지 알려 줄게요. 최선을 다하세요. 질문 있어요? (질문이 있으면 질문에 대답한다.) 준비, 시작. (학생이 첫 어절을 말함과 동시에 타이머를 누르고 1분간 학생의 반응을 기록한 뒤 1분이 지나면 "그만"이라고 말한다.)

옛날 옛적 호랑이 담배 피울 적에 있었던 일이야. 하루는 배고픈 여우가 산길을 어슬렁거리고 있었어. 산모퉁이를 막 돌아서는데 눈앞에 사과나무가 나타났네. 그것도 주먹만 한 사과가 주렁주렁 매달린 나무였지. 그런데 사과가 죄다 높은 곳에 달려 있어. 그래서 여우가 궁리를 하다 돼지 친구를 찾아갔지.

"돼지야, 돼지야, 사과가 주렁주렁 매달렸는데 같이 먹으러 가자."

"정말? 그래 같이 가자."

욕심 많은 돼지는 좋다고 여우를 따라 갔어. 힘 좋은 돼지가 사과나무를 머리로 쿵쿵 박았지. 그랬더니 사과가 와르르 떨어져 내린 거야. 그런데 못된 돼지 친구는 사과를 주워서 혼자만 먹어. 여우가 못 먹게 등을 돌리고 사과를 품고 먹었지. 그러니 여우가 얼마나 화가 나겠어.

"흥, 욕심쟁이 같으니라고. 어디 한번 두고 보자."

그러고 며칠 뒤에 여우가 산길을 가다 벌집을 봤어. 여우가 꾀가 생겨 얼른 돼지 친구를 찾아갔지.

"돼지야, 돼지야, 벌집에 꿀이 가득한데 같이 먹으러 가자."

"정말? 그래 같이 가자."

욕심 많은 돼지는 이번에도 좋다고 따라갔지. 여우가 봐 둔 벌집까지 가서 여우가 먼저 말했어.

"꿀은 말이야, 인절미에 발라 먹어야 제 맛이거든. 마을에서 인절미를 얻어 올 테니 꿀을 지키렴."

그러고는 마을로 가는 척하다 큰 나무 뒤에 숨었지. 돼지가 생각하니 여우를 기다렸다가는 꿀을 나눠 먹어야겠거든.

'안 되겠다, 여우가 오기 전에 혼자서 다 먹어야지.'

이렇게 생각하고는 주둥이를 벌집에 디밀고 빨아 먹었어. 그러니 어찌 됐겠어? 벌들이 우르르 나와서 돼지를 마구 쏘아 댔지. 돼지는 혼이 다 빠지도록 앞도 안 보고 달렸어. 겨우 도망을 쳤지만 벌에 쏘여 몸이 퉁퉁 부었지.

"꿀, 꿀, 꿀이 원수지. 꿀, 꿀, 꿀이 원수야."

틈만 나면 이렇게 말하다 버릇이 돼서 '꿀꿀'한다는 거야.

읽기유창성 점수: ____________

▶ 사전평가와 사후평가의 지문은 학지사 홈페이지(http://www.hakjisa.co.kr)에서 내려받을 수 있습니다.

사 ◇ 후 ◇ 평 ◇ 가

읽기이해

다음 질문에 최대한 자세히 답을 써 주세요.
(※ 쓰는 것이 어려운 학생의 경우, 구두로 답하도록 하세요.)

1 이 이야기에 나오는 중심인물은 누구인가요? 두 인물을 써 보세요.

2 언제 있었던 일인가요?

3 여우는 왜 스스로 사과를 먹지 못하였나요?

4 여우가 돼지에게 화가 난 까닭은 무엇일까요?

5 돼지는 어떻게 하다가 벌에게 쏘이게 되었나요?

6 돼지가 어떻게 '꿀꿀'하고 울게 되었나요?

7 이야기에 나오는 여우는 어떤 인물일까요? 그것을 어떻게 알 수 있는지 글에서 찾아 써 보세요.

1) 어떤 인물일까요?

2) 그것을 어떻게 알 수 있나요?

5. 신비한 약과 욕심

학 ◇ 습 ◇ 목 ◇ 표

- 글을 읽을 때, 적당한 부분에서 글을 빠르고 정확하게 끊어 읽을 수 있다.
- 글을 읽고, 글의 중심내용과 글의 주제를 파악할 수 있다.

사 ◇ 전 ◇ 평 ◇ 가

지시문

앞에 있는 종이에 글이 있어요. 이제 선생님이 "시작"이라고 하면(학생용 평가지의 첫 어절을 손가락으로 가리킨 후, 계속 훑으면서) 처음부터 읽기 시작해서 "그만"이라고 할 때까지 최대한 정확하게, 그리고 최대한 빨리 읽으세요. 글을 읽다가 모르는 글자가 나오면 선생님이 어떻게 해야 할지 알려 줄게요. 최선을 다하세요. 질문 있어요? (질문이 있으면 질문에 대답한다.) 준비, 시작. (학생이 첫 어절을 말함과 동시에 타이머를 누르고 1분간 학생의 반응을 기록한 뒤 1분이 지나면 "그만"이라고 말한다.)

옛날 어느 마을에 병을 고치는 의원이 살았지요. 실력이 어찌나 좋은지 못 고치는 병이 없었다지요. 그렇지만 의원은 자만하지 않고 연구를 계속하였지요. 그리하여 의원이 신비로운 약 하나를 드디어 만들었답니다.

그 약은 죽은 사람을 다시 살리는 약이었습니다. 옛날이나 지금이나 죽지 않고 살려는 욕심은 같았나 봅니다. 의원은 이 약을 환자들에게 절대 쓰지 않았지요. 더욱이 약을 만드는 비법을 제자에게조차 알리지 않았습니다. 그러고는 약병을 벽장 속에 꼭꼭 숨겨 두었지요.

그렇게 시간이 흐르고 흘러 의원도 노인이 되었습니다. 죽을 때가 다가오자 가장 아끼는 제자를 불렀습니다.

"세상에서 가장 아끼는 나의 제자야 잘 들어라. 사실은 내가 죽은 사람을 살리는 약을 만들었느니라."

의원은 지난 세월 동안 연구에 힘썼던 이야기들을 말했지요. 제자는 침을 꿀꺽 삼키면서 스승의 말씀을 들었습니다.

"그러니 제자야, 내가 죽거든 벽장 속의 약병을 찾아라. 그리고 그 약을 내 온몸에 빠짐없이 발라라. 싸늘하게 죽었던 내가 온기를 되찾아 살아날 것이니라."

의원은 제자에게 마지막 유언을 남기고 세상을 떠났습니다.

제자는 유언대로 약병을 찾아 스승의 몸에 발랐지요. 그랬더니 약을 바른 곳에 온기가 돌기 시작했습니다. 하지만 제자는 약을 더 이상 바르지 않았지요. 그러고는 그 약병을 자신의 집 벽장에 숨겼습니다.

또 세월이 흘러 제자도 죽음을 눈앞에 두었습니다. 제자는 아들에게 스승의 유언과 똑같은 유언을 했습니다. 제자가 죽자 아들은 약병을 찾아 약을 발랐지요. 그랬더니 제자의 몸에 온기가 돌며 살아나기 시작했습니다. 아들은 너무 놀라고 기뻐서 약을 모두 발랐습니다. 하지만 목까지 바르고 나자 약이 모두 떨어졌습니다. 안타깝게도 제자의 몸은 다시 싸늘하게 식어 갔습니다.

읽기유창성 점수: ____________

▶ 사전평가와 사후평가의 지문은 학지사 홈페이지(http://www.hakjisa.co.kr)에서 내려받을 수 있습니다.

1 단어를 빠르고 정확하게 읽기

다음 단어를 바르게 읽어 봅시다

신비한	실력이
자만하지	연구를
비법을	만들었느니라
빠짐없이	온기를
유언을	벽장에
안타깝게도	

▶ 이 페이지의 내용은 복사하거나 학지사 홈페이지(http://www.hakjisa.co.kr)에서 내려받아 사용하세요!

다음 단어들을 빠르고 정확하게 읽어 봅시다

비법을	신비한	유언을	연구를	실력이
자만하지	안타깝게도	만들었느니라	온기를	빠짐없이
벽장에	연구를	실력이	벽장에	비법을
온기를	자만하지	빠짐없이	신비한	유언을
만들었느니라	안타깝게도	온기를	자만하지	실력이
빠짐없이	신비한	벽장에	만들었느니라	연구를
유언을	비법을	안타깝게도	빠짐없이	안타깝게도
자만하지	온기를	실력이	비법을	신비한
유언을	연구를	만들었느니라	벽장에	만들었느니라
신비한	빠짐없이	자만하지	안타깝게도	온기를
비법을	벽장에	연구를	실력이	유언을

▶ 이 페이지의 내용은 복사하거나 학지사 홈페이지(http://www.hakjisa.co.kr)에서 내려받아 사용하세요!

2 어휘의 뜻 알아보기

다음 단어를 알아봅시다

예시문을 읽고, 내가 생각하는 단어의 뜻을 써 봅시다.

올바른 단어의 뜻을 써 봅시다.

정의

자만하다

예시문 그렇지만 의원은 자만하지 않고 연구를 계속하였지요.

비슷한 말

-
-
-

반대말

-
-
-

문장 만들기

비슷한 말을 넣어서 문장을 완성해 봅시다.

그렇지만 의원은 ______ 않고 연구를 계속하였지요.

새로운 문장을 만들어 써 봅시다.

도전문제

자만하다가 실수한 적이 있나요?

예시문을 읽고, 내가 생각하는 단어의 뜻을 써 봅시다.

____

올바른 단어의 뜻을 써 봅시다.

____

정의

실력

예시문 실력이 어쩌나 좋은지 못 고치는 병이 없었다지요.

비슷한 말

- ______________
- ______________
- ______________

문장 만들기

비슷한 말을 넣어서 문장을 완성해 봅시다.

______________이 어쩌나 좋은지 못 고치는 병이 없었다지요.

새로운 문장을 만들어 써 봅시다.

____

도전문제

자랑할 만한 나의 실력을 하나 선택하여 소개해 봅시다.

____

____

예시문을 읽고, 내가 생각하는 단어의 뜻을 써 봅시다.

올바른 단어의 뜻을 써 봅시다.

정의

유언

예시문 의원은 제자에게 유언을 남기고 세상을 떠났습니다.

비슷한 말

•

•

•

문장 만들기

비슷한 말을 넣어서 문장을 완성해 봅시다.

의원은 제자에게 ________________ 을 남기고 세상을 떠났습니다.

새로운 문장을 만들어 써 봅시다.

도전문제

언제 유언을 남기나요?

예시문을 읽고, 내가 생각하는 단어의 뜻을 써 봅시다.

올바른 단어의 뜻을 써 봅시다.

정의

온기

예시문 싸늘하게 죽었던 내가 온기를 되찾아 살아날 것이니라.

반대말

-
-
-

문장 만들기

새로운 문장을 만들어 써 봅시다.

도전문제

온기를 느꼈었던 경험이 있나요? 언제 온기를 느꼈었나요?

다음 보기의 단어 중, 문장에 알맞은 단어를 써 봅시다.

보기

온기, 자만하다, 겸손하다, 한기

1 ____________의 반대말은 ____________입니다.

2 ____________의 반대말은 ____________입니다.

보기

유서, 능력, 유언, 실력

3 ____________의 비슷한 말은 ____________입니다.

4 ____________의 비슷한 말은 ____________입니다.

3 어구를 빠르고 정확하게 읽기

다음 어구를 바르게 읽어 봅시다

죽지 않고 살려는 욕심은	침을 꿀꺽 삼키면서	마지막 유언을 남기고	스승의 유언과 똑같은 유언을 했습니다	목까지 바르고 나자
병을 고치는 의원이	약을 만드는 비법을	싸늘하게 죽었던 내가	약을 더 이상 바르지 않았어요	죽을 때가 다가오자

▶ 이 페이지의 내용은 복사하거나 학지사 홈페이지(http://www.hakjisa.co.kr)에서 내려받아 사용하세요!

다음 어구/절들을 빠르고 정확하게 읽어 봅시다

약을 만드는 비법을	죽지 않고 살려는 욕심은	병을 고치는 의원이
마지막 유언을 남기고	싸늘하게 죽었던 내가	침을 꿀꺽 삼키면서
목까지 바르고 나자	죽음을 눈앞에 두었습니다	약을 더 이상 바르지 않았지요
병을 고치는 의원이	마지막 유언을 남기고	스승의 유언과 똑같은 유언을 했습니다
스승의 유언과 똑같은 유언을 했습니다	죽지 않고 살려는 욕심은	약을 만드는 비법을
약을 더 이상 바르지 않았지요	침을 꿀꺽 삼키면서	죽음을 눈앞에 두었습니다
약을 만드는 비법을	병을 고치는 의원이	마지막 유언을 남기고
죽을 때가 다가오자	싸늘하게 죽었던 내가	죽지 않고 살려는 욕심은
침을 꿀꺽 삼키면서	약을 더 이상 바르지 않았지요	목까지 바르고 나자
스승의 유언과 똑같은 유언을 했습니다	약을 만드는 비법을	싸늘하게 죽었던 내가
죽지 않고 살려는 욕심은	목까지 바르고 나자	침을 꿀꺽 삼키면서
약을 더 이상 바르지 않았지요	스승의 유언과 똑같은 유언을 했습니다	마지막 유언을 남기고
병을 고치는 의원이	죽을 때가 다가오자	약을 만드는 비법을
목까지 바르고 나자	싸늘하게 죽었던 내가	약을 더 이상 바르지 않았지요
죽지 않고 살려는 욕심은	침을 꿀꺽 삼키면서	스승의 유언과 똑같은 유언을 했습니다
마지막 유언을 남기고	병을 고치는 의원이	목까지 바르고 나자
싸늘하게 죽었던 내가	침을 꿀꺽 삼키면서	죽을 때가 다가오자

4 글을 빠르고 정확하게 읽기

다음 글을 / 표시된 곳에서 끊어 읽어 봅시다. 읽을 때 빠르고 정확하게 읽도록 합시다

옛날 / 어느 마을에 / 병을 고치는 의원이 / 살았지요. / 실력이 어찌나 좋은지 / 못 고치는 병이 없었다지요. / 그렇지만 / 의원은 / 자만하지 않고 / 연구를 계속하였지요. / 그리하여 / 의원이 / 신비로운 약 하나를 / 드디어 / 만들었답니다. /

그 약은 / 죽은 사람을 다시 살리는 약이었습니다. / 옛날이나 지금이나 / 죽지 않고 살려는 욕심은 / 같았나 봅니다. / 의원은 / 이 약을 / 환자들에게 / 절대 쓰지 않았지요. / 더욱이 / 약을 만드는 비법을 / 제자에게조차 / 알리지 않았습니다. / 그러고는 / 약병을 / 벽장 속에 / 꼭꼭 숨겨 두었지요. /

그렇게 시간이 흐르고 흘러 / 의원도 / 노인이 되었습니다. / 죽을 때가 다가오자 / 가장 아끼는 제자를 불렀습니다. /

"세상에서 가장 아끼는 나의 제자야 / 잘 들어라. / 사실은 / 내가 / 죽은 사람을 살리는 약을 만들었느니라." /

의원은 / 지난 세월 동안 / 연구에 힘썼던 이야기들을 말했지요. / 제자는 / 침을 꿀꺽 삼키면서 / 스승의 말씀을 들었습니다. /

"그러니 제자야, / 내가 죽거든 / 벽장 속의 약병을 찾아라. / 그리고 그 약을 / 내 온몸에 / 빠짐없이 발라라. / 싸늘하게 죽었던 내가 / 온기를 되찾아 / 살아날 것이니라." /

의원은 / 제자에게 / 마지막 유언을 남기고 / 세상을 떠났습니다. /

제자는 / 유언대로 / 약병을 찾아 / 스승의 몸에 발랐지요. / 그랬더니 / 약을 바른 곳에 / 온기가 / 돌기 시작했습니다. / 하지만 / 제자는 / 약을 더 이상 바르지 않았지요. / 그러고는 / 그 약병을 / 자신의 집 벽장에 / 숨겼습니다. /

또 세월이 흘러 / 제자도 / 죽음을 눈앞에 두었습니다. / 제자는 / 아들에게 / 스승의 유언과 똑같은 유언을 했습니다. / 제자가 죽자 / 아들은 / 약병을 찾아 / 약을 발랐지요. / 그랬더니 / 제자의 몸에 / 온기가 돌며 / 살아나기 시작했습니다. / 아들은 / 너무 놀라고 기뻐서 / 약을 모두 발랐습니다. / 하지만 / 목까지 바르고 나자 / 약이 모두 떨어졌습니다. / 안타깝게도 / 제자의 몸은 / 다시 싸늘하게 식어 갔습니다. /

6 이야기 지도 사용하여 글 읽고 이해하기: 인물, 시장, 사건, 끝을 기억하며 글의 내용 파악하기

'이야기 지도(인물, 시장, 사건, 끝)'를 사용하여 글의 내용을 파악해 봅시다

신비한 약과 욕심

옛날 어느 마을에 병을 고치는 의원이 살았지요. 실력이 어찌나 좋은지 못 고치는 병이 없었다지요. 그렇지만 의원은 자만하지 않고 연구를 계속하였지요. 그리하여 의원이 신비로운 약 하나를 드디어 만들었답니다.

그 약은 죽은 사람을 다시 살리는 약이었습니다. 옛날이나 지금이나 죽지 않고 살려는 욕심은 같았나 봅니다. 의원은 이 약을 환자들에게 절대 쓰지 않았지요. 더욱이 약을 만드는 비법을 제자에게조차 알리지 않았습니다. 그러고는 약병을 벽장 속에 꼭꼭 숨겨 두었지요.

그렇게 시간이 흐르고 흘러 의원도 노인이 되었습니다. 죽을 때가 다가오자 가장 아끼는 제자를 불렀습니다.

"세상에서 가장 아끼는 나의 제자야 잘 들어라. 사실은 내가 죽은 사람을 살리는 약을 만들었느니라."

의원은 지난 세월 동안 연구에 힘썼던 이야기들을 말했지요. 제자는 침을 꿀꺽 삼키면서 스승의 말씀을 들었습니다.

"그러니 제자야, 내가 죽거든 벽장 속의 약병을 찾아라. 그리고 그 약을 내 온몸에 빠짐없이 발라라. 싸늘하게 죽었던 내가 온기를 되찾아 살아날 것이니라."

의원은 제자에게 마지막 유언을 남기고 세상을 떠났습니다.

제자는 유언대로 약병을 찾아 스승의 몸에 발랐지요. 그랬더니 약을 바른 곳에 온기가 돌기 시작했습니다. 하지만 제자는 약을 더 이상 바르지 않았지요. 그러고는 그 약병

을 자신의 집 벽장에 숨겼습니다.

또 세월이 흘러 제자도 죽음을 눈앞에 두었습니다. 제자는 아들에게 스승의 유언과 똑같은 유언을 했습니다. 제자가 죽자 아들은 약병을 찾아 약을 발랐지요. 그랬더니 제자의 몸에 온기가 돌며 살아나기 시작했습니다. 아들은 너무 놀라고 기뻐서 약을 모두 발랐습니다. 하지만 목까지 바르고 나자 약이 모두 떨어졌습니다. 안타깝게도 제자의 몸은 다시 싸늘하게 식어 갔습니다.

제목: 신비한 약과 욕심

1 인물 이야기에 등장하는 인물은 누구인가요?

2 시간과 장소 언제, 어디에서 일어난 이야기인가요?

시간:

장소:

3 사건들 인물에게 어떤 일들이 일어났나요? 일이 어떠한 차례로 일어났나요?

4 끝 이야기가 어떻게 끝났나요?

7 글의 주제 알기

글의 주제를 알아봅시다

글의 주제는 글쓴이가 읽는 이에게 말하고자 하는 생각 또는 의견입니다. 글의 주제는 '~하자. 해야 한다' 또는 '~하지 말자. 하지 말아야 한다'로 만들 수 있습니다.

'신비한 약과 욕심'을 읽고, 글의 주제를 써 봅시다.

읽기유창성

지시문

앞에 있는 종이에 글이 있어요. 이제 선생님이 "시작"이라고 하면(학생용 평가지의 첫 어절을 손가락으로 가리킨 후, 계속 훑으면서) 처음부터 읽기 시작해서 "그만"이라고 할 때까지 최대한 정확하게, 그리고 최대한 빨리 읽으세요. 글을 읽다가 모르는 글자가 나오면 선생님이 어떻게 해야 할지 알려 줄게요. 최선을 다하세요. 질문 있어요? (질문이 있으면 질문에 대답한다.) 준비, 시작. (학생이 첫 어절을 말함과 동시에 타이머를 누르고 1분간 학생의 반응을 기록한 뒤 1분이 지나면 "그만"이라고 말한다.)

옛날 어느 마을에 병을 고치는 의원이 살았지요. 실력이 어찌나 좋은지 못 고치는 병이 없었다지요. 그렇지만 의원은 자만하지 않고 연구를 계속하였지요. 그리하여 의원이 신비로운 약 하나를 드디어 만들었답니다.

그 약은 죽은 사람을 다시 살리는 약이었습니다. 옛날이나 지금이나 죽지 않고 살려는 욕심은 같았나 봅니다. 의원은 이 약을 환자들에게 절대 쓰지 않았지요. 더욱이 약을 만드는 비법을 제자에게조차 알리지 않았습니다. 그러고는 약병을 벽장 속에 꼭꼭 숨겨 두었지요.

그렇게 시간이 흐르고 흘러 의원도 노인이 되었습니다. 죽을 때가 다가오자 가장 아끼는 제자를 불렀습니다.

"세상에서 가장 아끼는 나의 제자야 잘 들어라. 사실은 내가 죽은 사람을 살리는 약을 만들었느니라."

의원은 지난 세월 동안 연구에 힘썼던 이야기들을 말했지요. 제자는 침을 꿀꺽 삼키면서 스승의 말씀을 들었습니다.

"그러니 제자야, 내가 죽거든 벽장 속의 약병을 찾아라. 그리고 그 약을 내 온몸에 빠짐없이 발라라. 싸늘하게 죽었던 내가 온기를 되찾아 살아날 것이니라."

의원은 제자에게 마지막 유언을 남기고 세상을 떠났습니다.

제자는 유언대로 약병을 찾아 스승의 몸에 발랐지요. 그랬더니 약을 바른 곳에 온기가 돌기 시작했습니다. 하지만 제자는 약을 더 이상 바르지 않았지요. 그러고는 그 약병을 자신의 집 벽장에 숨겼습니다.

또 세월이 흘러 제자도 죽음을 눈앞에 두었습니다. 제자는 아들에게 스승의 유언과 똑같은 유언을 했습니다. 제자가 죽자 아들은 약병을 찾아 약을 발랐지요. 그랬더니 제자의 몸에 온기가 돌며 살아나기 시작했습니다. 아들은 너무 놀라고 기뻐서 약을 모두 발랐습니다. 하지만 목까지 바르고 나자 약이 모두 떨어졌습니다. 안타깝게도 제자의 몸은 다시 싸늘하게 식어 갔습니다.

읽기유창성 점수: ______

▶ 사전평가와 사후평가의 지문은 학지사 홈페이지(http://www.hakjisa.co.kr)에서 내려받을 수 있습니다.

읽기이해

다음 질문에 최대한 자세히 답을 써 주세요.

(※ 쓰는 것이 어려운 학생의 경우, 구두로 답하도록 하세요.)

1 이야기에 나오는 중심인물은 누구인가요? 세 명을 써 보세요.

2 언제, 어디에서 있었던 일인가요?

1) 언제:

2) 어디서:

3 왜 신비로운 약이라고 하였나요?

4 의원이 죽기 전에 제자에게 어떤 유언을 하였나요?

5 의원이 다시 살아날 수 없었던 까닭은 무엇일까요?

6 사람을 다시 살리는 약이라는 것을 어떻게 알 수 있나요?

7 이야기에 나오는 제자의 아들은 어떤 사람일까요? 그것을 어떻게 알 수 있는지 글에서 찾아 써 보세요.

1) 어떤 사람인가요?

2) 그것을 어떻게 알 수 있나요?

6. 장님과 앉은뱅이의 우정

학 ◇ 습 ◇ 목 ◇ 표

- 글을 읽을 때, 적당한 부분에서 글을 빠르고 정확하게 끊어 읽을 수 있다.
- 글을 읽고, 글의 중심내용과 글의 주제를 파악할 수 있다.

사 ◇ 전 ◇ 평 ◇ 가

지시문

앞에 있는 종이에 글이 있어요. 이제 선생님이 "시작"이라고 하면(학생용 평가지의 첫 어절을 손가락으로 가리킨 후, 계속 훑으면서) 처음부터 읽기 시작해서 "그만"이라고 할 때까지 최대한 정확하게, 그리고 최대한 빨리 읽으세요. 글을 읽다가 모르는 글자가 나오면 선생님이 어떻게 해야 할지 알려 줄게요. 최선을 다하세요. 질문 있어요? (질문이 있으면 질문에 대답한다.) 준비, 시작. (학생이 첫 어절을 말함과 동시에 타이머를 누르고 1분간 학생의 반응을 기록한 뒤 1분이 지나면 "그만"이라고 말한다.)

옛날 옛날 어느 마을에 두 아이가 살았습니다. 한 아이 이름이 '지성'이고, 다른 하나는 '감천'이었지요. 지성이는 장님이고 감천이는 걸을 수 없는 앉은뱅이였답니다. 지성이와 감천이는 마을에서 둘도 없는 친한 친구였습니다.

어느 날 두 아이의 부모님이 모두 돌아가셨어요. 같은 날에 지성이와 감천이는 모두 고아가 되어 버렸지요. 살 길이 막막해진 둘은 결국 구걸을 하였습니다. 지성이가 감천이를 업고, 감천이는 지성이에게 길을 가르쳐 주었지요. 마을 사람들은 불쌍한 두 아이에게 음식을 나눠 주었습니다.

하루는 어느 고개 밑에 있는 옹달샘에 이르렀지요. 그런데 샘 속에 커다란 금덩이가 하나 있었습니다.

"지성아, 여기에 엄청 큰 금덩이가 하나 있어."

하지만 금덩이가 하나뿐이니 누가 가질지 문제가 되었습니다.

"감천아, 네가 본 것이니 네가 가져라."

"아니야, 지성이 네가 아니면 이리로 오지도 못했어. 그러니 나보다는 지성이 네가 가지는 게 옳아."

한참을 다투며 서로에게 양보하다 둘은 지쳤습니다.

"이것 때문에 우리 사이가 멀어지겠으니 그냥 가자."

지성이와 감천이는 금덩이를 그냥 두고 고갯길을 걸었습니다.

그런데 그만 고갯마루를 넘다 산적을 만나고 말았지요.

"이놈들아, 가진 것을 모두 내어 놓아라."

"우리는 가진 게 없고, 옹달샘에 금덩이가 있소."

산적은 지성이와 감천이를 나무에 묶고 옹달샘으로 내려갔습니다. 하지만 금덩이 대신 구렁이 한 마리가 있었어요. 산적은 놀라서 구렁이를 칼로 베어 두 동강 냈습니다. 그러고는 묶어 놓은 지성이와 감천이를 두들겨 팼답니다.

산적에게 풀려난 둘은 이상해서 다시 옹달샘으로 갔습니다. 그랬더니 금덩이가 하나가 아니라 두 개가 있었지요. 산신령이 일부러 금덩이를 구렁이로 보이게 만들었던 거랍니다. 산적 눈에 구렁이로 보였던 것이 사실은 금덩이였지요.

그래서 지성이와 감천이는 금덩이를 하나씩 사이좋게 나누었지요. 그러고는 금덩이를 내다 팔아 큰 부자가 되었습니다. 부자가 되고 나서도 서로 양보하면서 행복하게 살았답니다.

읽기유창성 점수: ____________

▶ 사전평가와 사후평가의 지문은 학지사 홈페이지(http://www.hakjisa.co.kr)에서 내려받을 수 있습니다.

1 단어를 빠르고 정확하게 읽기

다음 단어를 바르게 읽어 봅시다

우정	장님이고
앉은뱅이였답니다	고아가
막막해진	구걸을
옹달샘에	옳아
양보하다	멀어지겠으니
고갯마루를	산적을
베어	동강 냈습니다

▶ 이 페이지의 내용은 복사하거나 학지사 홈페이지(http://www.hakjisa.co.kr)에서 내려받아 사용하세요!

다음 단어들을 빠르고 정확하게 읽어 봅시다

멀어지겠으니	우정	동강 냈습니다	구걸을	양보하다
앉은뱅이였답니다	옹달샘에	장님이고	베어	고아가
옳아	고갯마루를	막막해진	산적을	동강 냈습니다
장님이고	구걸을	앉은뱅이였답니다	베어	우정
막막해진	고아가	옹달샘에	옳아	멀어지겠으니
고갯마루를	양보하다	산적을	장님이고	막막해진
베어	앉은뱅이였답니다	우정	구걸을	고갯마루를
옹달샘에	동강 냈습니다	고아가	양보하다	산적을
멀어지겠으니	옳아	옹달샘에	장님이고	앉은뱅이였답니다
구걸을	우정	막막해진	동강 냈습니다	베어
양보하다	고갯마루를	옳아	멀어지겠으니	고아가
산적을	동강 냈습니다	장님이고	옹달샘에	막막해진
베어	앉은뱅이였답니다	산적을	우정	구걸을
고아가	옳아	멀어지겠으니	양보하다	고갯마루를

▶ 이 페이지의 내용은 복사하거나 학지사 홈페이지(http://www.hakjisa.co.kr)에서 내려받아 사용하세요!

2 어휘의 뜻 알아보기

다음 단어를 알아봅시다

예시문을 읽고, 내가 생각하는 단어의 뜻을 써 봅시다.

______

올바른 단어의 뜻을 써 봅시다.

______

정의

우정

예시문 장님과 앉은뱅이의 우정

비슷한 말

- ______
- ______
- ______

문장 만들기

비슷한 말을 넣어서 문장을 완성해 봅시다.

장님과 앉은뱅이의 ______

새로운 문장을 만들어 써 봅시다.

______

도전문제

우정은 왜 소중할까요?

______

______

예시문을 읽고, 내가 생각하는 단어의 뜻을 써 봅시다.

____

올바른 단어의 뜻을 써 봅시다.

____

정의

양보하다

예시문 한참을 다투며 서로에게 양보하다 둘은 지쳤습니다.

비슷한 말

- ____________
- ____________
- ____________

문장 만들기

비슷한 말을 넣어서 문장을 완성해 봅시다.

한참을 다투며 서로에게 ____________ 둘은 지쳤습니다.

새로운 문장을 만들어 써 봅시다.

____

도전문제

누군가에게 무엇인가를 양보한 경험이 있나요?

____

____

예시문을 읽고, 내가 생각하는 단어의 뜻을 써 봅시다.

올바른 단어의 뜻을 써 봅시다.

정의

지치다

예시문 한참을 다투며 서로에게 양보하다 둘은 지쳤습니다.

문장 만들기

새로운 문장을 만들어 써 봅시다.

도전문제

나를 지치게 하는 사람이나 일이 있나요? 왜 그런가요?

예시문을 읽고, 내가 생각하는 단어의 뜻을 써 봅시다.

____

올바른 단어의 뜻을 써 봅시다.

____

정의

구걸

예시문 살 길이 막막해진 둘은 결국 구걸을 하였습니다.

비슷한 말

- ______________
- ______________
- ______________

문장 만들기

비슷한 말을 넣어서 문장을 완성해 봅시다.

살 길이 막막해진 둘은 결국 ______________ 을 하였습니다.

새로운 문장을 만들어 써 봅시다.

____

도전문제

언제 구걸을 하게 될까요?

____

____

다음 보기의 단어 중, 문장에 알맞은 단어를 써 봅시다.

보기

우정, 구걸, 양보했다, 지쳤다

1 아빠가 사 준 장난감을 동생에게 ________.

2 그 동네 거지들은 ________을 하여 끼니를 해결했다.

3 남매는 서로 먼저 게임을 하겠다고 싸우다가 ________.

4 상현이와 나의 ________은 오래됐다.

3 어구를 빠르고 정확하게 읽기

다음 어구를 바르게 읽어 봅시다

살 길이 막막해진 둘은	지성이 네가 가지는 게	지성이와 감천이를 나무에 묶고	하나가 아니라 두 개가	금덩이를 하나씩 사이좋게 나누었지요
두 아이의 부모님이	어느 고개 밑에 있는 옹달샘에	산적을 만나고 말았지요	구렁이로 보였던 것이	금덩이를 구렁이로 보이게

▶ 이 페이지의 내용은 복사하거나 학지사 홈페이지(http://www.hakjisa.co.kr)에서 내려받아 사용하세요!

다음 어구/절들을 빠르고 정확하게 읽어 봅시다

지성이와 감천이를 나무에 묶고	두 아이의 부모님이	지성이 네가 가지는 게
산적을 만나고 말았지요	구렁이로 보였던 것이	살 길이 막막해진 둘은
금덩이를 하나씩 사이좋게 나누었지요	어느 고개 밑에 있는 옹달샘에	하나가 아니라 두 개가
금덩이를 구렁이로 보이게	금덩이를 하나씩 사이좋게 나누었지요	산적을 만나고 말았지요
살 길이 막막해진 둘은	지성이 네가 가지는 게	지성이와 감천이를 나무에 묶고
두 아이의 부모님이	하나가 아니라 두 개가	어느 고개 밑에 있는 옹달샘에
구렁이로 보였던 것이	금덩이를 구렁이로 보이게	금덩이를 하나씩 사이좋게 나누었지요
어느 고개 밑에 있는 옹달샘에	구렁이로 보였던 것이	두 아이의 부모님이
살 길이 막막해진 둘은	지성이와 감천이를 나무에 묶고	지성이 네가 가지는 게
금덩이를 구렁이로 보이게	산적을 만나고 말았지요	하나가 아니라 두 개가
하나가 아니라 두 개가	어느 고개 밑에 있는 옹달샘에	금덩이를 구렁이로 보이게
지성이와 감천이를 나무에 묶고	두 아이의 부모님이	살 길이 막막해진 둘은
산적을 만나고 말았지요	지성이 네가 가지는 게	구렁이로 보였던 것이
금덩이를 하나씩 사이좋게 나누었지요	금덩이를 구렁이로 보이게	산적을 만나고 말았지요
지성이 네가 가지는 게	살 길이 막막해진 둘은	지성이와 감천이를 나무에 묶고
두 아이의 부모님이	하나가 아니라 두 개가	금덩이를 하나씩 사이좋게 나누었지요
구렁이로 보였던 것이	어느 고개 밑에 있는 옹달샘에	살 길이 막막해진 둘은

4 글을 빠르고 정확하게 읽기

다음 글을 / 표시된 곳에서 끊어 읽어 봅시다. 읽을 때 빠르고 정확하게 읽도록 합시다

옛날 옛날 / 어느 마을에 / 두 아이가 / 살았습니다. / 한 아이 이름이 / '지성'이고, / 다른 하나는 / '감천'이었지요. / 지성이는 / 장님이고 / 감천이는 / 걸을 수 없는 앉은뱅이였답니다. / 지성이와 감천이는 / 마을에서 / 둘도 없는 / 친한 친구였습니다. /

어느 날 / 두 아이의 부모님이 / 모두/ 돌아가셨어요. / 같은 날에 / 지성이와 감천이는 / 모두 / 고아가 되어 버렸지요. / 살 길이 막막해진 둘은 / 결국 / 구걸을 하였습니다. / 지성이가 / 감천이를 업고, / 감천이는 / 지성이에게 / 길을 가르쳐 주었지요. / 마을 사람들은 / 불쌍한 두 아이에게 / 음식을 나눠 주었습니다. /

하루는 / 어느 고개 밑에 있는 옹달샘에 / 이르렀지요. / 그런데 / 샘 속에 / 커다란 금덩이가 / 하나 있었습니다. /

"지성아, / 여기에 / 엄청 큰 금덩이가 / 하나 있어." /

하지만 / 금덩이가 하나뿐이니 / 누가 가질지 / 문제가 되었습니다. / "감천아, / 네가 본 것이니 / 네가 가져라." / "아니야, / 지성이 네가 아니면 / 이리로 오지도 못했어. / 그러니 / 나보다는 / 지성이 네가 가지는 게 / 옳아." /

한참을 다투며 / 서로에게 양보하다 / 둘은 / 지쳤습니다. / "이것 때문에 / 우리 사이가 멀어지겠으니 / 그냥 가자." /

지성이와 감천이는 / 금덩이를 그냥 두고 / 고갯길을 걸었습니다. /

그런데 / 그만 고갯마루를 넘다 / 산적을 만나고 말았지요. / "이놈들아, / 가진 것을 / 모두 / 내어 놓아라." / "우리는 가진 게 없고, / 옹달샘에 / 금덩이가 있소." /

산적은 / 지성이와 감천이를 나무에 묶고 / 옹달샘으로 내려갔습니다. /

하지만 / 금덩이 대신 / 구렁이 한 마리가 / 있었어요. / 산적은 놀라서 / 구렁이를 칼로 베어 / 두 동강 냈습니다. / 그러고는 / 묶어 놓은 지성이와 감천이를 두들겨 팼답니다. / 산적에게 풀려난 둘은 / 이상해서 / 다시 옹달샘으로 갔습니다. / 그랬더니 / 금덩이가 / 하나가 아니라 두 개가 / 있었지요. / 산신령이 / 일부러 / 금덩이를 구렁이로 보이게 / 만들었던 거랍니다. / 산적 눈에 / 구렁이로 보였던 것이 / 사실은 금덩이였지요. / 그래서 / 지성이와 감천이는 / 금덩이를 하나씩 사이좋게 나누었지요. / 그러고는 / 금덩이를 내다 팔아 / 큰 부자가 되었습니다. / 부자가 되고 나서도 / 서로 양보하면서 / 행복하게 살았답니다. /

6 이야기 지도 사용하여 글 읽고 이해하기: 인물, 시장, 사건, 끝을 기억하며 글의 내용 파악하기

'이야기 지도(인물, 시장, 사건, 끝)'를 사용하여 글의 내용을 파악해 봅시다

장님과 앉은뱅이의 우정

옛날 옛날 어느 마을에 두 아이가 살았습니다. 한 아이 이름이 '지성'이고, 다른 하나는 '감천'이었지요. 지성이는 장님이고 감천이는 걸을 수 없는 앉은뱅이였답니다. 지성이와 감천이는 마을에서 둘도 없는 친한 친구였습니다.

어느 날 두 아이의 부모님이 모두 돌아가셨어요. 같은 날에 지성이와 감천이는 모두 고아가 되어 버렸지요. 살 길이 막막해진 둘은 결국 구걸을 하였습니다. 지성이가 감천이를 업고, 감천이는 지성이에게 길을 가르쳐 주었지요. 마을 사람들은 불쌍한 두 아이에게 음식을 나눠 주었습니다.

하루는 어느 고개 밑에 있는 옹달샘에 이르렀지요. 그런데 샘 속에 커다란 금덩이가 하나 있었습니다.

"지성아, 여기에 엄청 큰 금덩이가 하나 있어."

하지만 금덩이가 하나뿐이니 누가 가질지 문제가 되었습니다.

"감천아, 네가 본 것이니 네가 가져라."

"아니야, 지성이 네가 아니면 이리로 오지도 못했어. 그러니 나보다는 지성이 네가 가지는 게 옳아."

한참을 다투며 서로에게 양보하다 둘은 지쳤습니다.

"이것 때문에 우리 사이가 멀어지겠으니 그냥 가자."

지성이와 감천이는 금덩이를 그냥 두고 고갯길을 걸었습니다.

그런데 그만 고갯마루를 넘다 산적을 만나고 말았지요.

"이놈들아, 가진 것을 모두 내어 놓아라."

"우리는 가진 게 없고, 옹달샘에 금덩이가 있소."

산적은 지성이와 감천이를 나무에 묶고 옹달샘으로 내려갔습니다. 하지만 금덩이 대신 구렁이 한 마리가 있었어요. 산적은 놀라서 구렁이를 칼로 베어 두 동강 냈습니다. 그러고는 묶어 놓은 지성이와 감천이를 두들겨 팼답니다.

산적에게 풀려난 둘은 이상해서 다시 옹달샘으로 갔습니다. 그랬더니 금덩이가 하나가 아니라 두 개가 있었지요. 산신령이 일부러 금덩이를 구렁이로 보이게 만들었던 거랍니다. 산적 눈에 구렁이로 보였던 것이 사실은 금덩이였지요.

그래서 지성이와 감천이는 금덩이를 하나씩 사이좋게 나누었지요. 그러고는 금덩이를 내다 팔아 큰 부자가 되었습니다. 부자가 되고 나서도 서로 양보하면서 행복하게 살았답니다.

제목: 장님과 앉은뱅이의 우정

1 인물 이야기에 등장하는 인물은 누구인가요?

2 시간과 장소 언제, 어디에서 일어난 이야기인가요?

시간:

장소:

3 사건들 인물에게 어떤 일들이 일어났나요? 일이 어떠한 차례로 일어났나요?

4 끝 이야기가 어떻게 끝났나요?

7 글의 주제 알기

글의 주제를 알아봅시다

글의 주제는 글쓴이가 읽는 이에게 말하고자 하는 생각 또는 의견입니다. 글의 주제는 '~하자. 해야 한다' 또는 '~하지 말자. 하지 말아야 한다'로 만들 수 있습니다.

'장님과 앉은뱅이의 우정'을 읽고, 글의 주제를 써 봅시다.

읽기유창성

지시문

앞에 있는 종이에 글이 있어요. 이제 선생님이 "시작"이라고 하면(학생용 평가지의 첫 어절을 손가락으로 가리킨 후, 계속 훑으면서) 처음부터 읽기 시작해서 "그만"이라고 할 때까지 최대한 정확하게, 그리고 최대한 빨리 읽으세요. 글을 읽다가 모르는 글자가 나오면 선생님이 어떻게 해야 할지 알려 줄게요. 최선을 다하세요. 질문 있어요? (질문이 있으면 질문에 대답한다.) 준비, 시작. (학생이 첫 어절을 말함과 동시에 타이머를 누르고 1분간 학생의 반응을 기록한 뒤 1분이 지나면 "그만"이라고 말한다.)

옛날 옛날 어느 마을에 두 아이가 살았습니다. 한 아이 이름이 '지성'이고, 다른 하나는 '감천'이었지요. 지성이는 장님이고 감천이는 걸을 수 없는 앉은뱅이였답니다. 지성이와 감천이는 마을에서 둘도 없는 친한 친구였습니다.

어느 날 두 아이의 부모님이 모두 돌아가셨어요. 같은 날에 지성이와 감천이는 모두 고아가 되어 버렸지요. 살 길이 막막해진 둘은 결국 구걸을 하였습니다. 지성이가 감천이를 업고, 감천이는 지성이에게 길을 가르쳐 주었지요. 마을 사람들은 불쌍한 두 아이에게 음식을 나눠 주었습니다.

하루는 어느 고개 밑에 있는 옹달샘에 이르렀지요. 그런데 샘 속에 커다란 금덩이가 하나 있었습니다.

"지성아, 여기에 엄청 큰 금덩이가 하나 있어."

하지만 금덩이가 하나뿐이니 누가 가질지 문제가 되었습니다.

"감천아, 네가 본 것이니 네가 가져라."

"아니야, 지성이 네가 아니면 이리로 오지도 못했어. 그러니 나보다는 지성이 네가 가지는 게 옳아."

한참을 다투며 서로에게 양보하다 둘은 지쳤습니다.

"이것 때문에 우리 사이가 멀어지겠으니 그냥 가자."

지성이와 감천이는 금덩이를 그냥 두고 고갯길을 걸었습니다.

그런데 그만 고갯마루를 넘다 산적을 만나고 말았지요.

"이놈들아, 가진 것을 모두 내어 놓아라."

"우리는 가진 게 없고, 옹달샘에 금덩이가 있소."

산적은 지성이와 감천이를 나무에 묶고 옹달샘으로 내려갔습니다. 하지만 금덩이 대신 구렁이 한 마리가 있었어요. 산적은 놀라서 구렁이를 칼로 베어 두 동강 냈습니다. 그러고는 묶어 놓은 지성이와 감천이를 두들겨 팼답니다.

산적에게 풀려난 둘은 이상해서 다시 옹달샘으로 갔습니다. 그랬더니 금덩이가 하나가 아니라 두 개가 있었지요. 산신령이 일부러 금덩이를 구렁이로 보이게 만들었던 거랍니다. 산적 눈에 구렁이로 보였던 것이 사실은 금덩이였지요.

그래서 지성이와 감천이는 금덩이를 하나씩 사이좋게 나누었지요. 그러고는 금덩이를 내다 팔아 큰 부자가 되었습니다. 부자가 되고 나서도 서로 양보하면서 행복하게 살았답니다.

읽기유창성 점수: ______________

▶ 사전평가와 사후평가의 지문은 학지사 홈페이지(http://www.hakjisa.co.kr)에서 내려받을 수 있습니다.

사 ◇ 후 ◇ 평 ◇ 가

읽기이해

다음 질문에 최대한 자세히 답을 써 주세요.
(※ 쓰는 것이 어려운 학생의 경우, 구두로 답하도록 하세요.)

1 이야기에 나오는 중심인물은 누구인가요? 모두 써 보세요.

2 언제, 어디에서 있었던 일인가요?

1) 언제:

2) 어디서:

3 지성이와 감천이는 왜 구걸을 하게 되었나요?

4 첫 번째 옹달샘에 갔을 때 어떤 일이 일어났나요?

5 금덩이를 그냥 두고 떠난 까닭은 무엇일까요?

6 지성이와 감천이는 어떻게 부자가 되었나요?

7 우리도 지성이와 감천이처럼 부자가 되려면 어떻게 하여야 할까요? 그것을 어떻게 알 수 있는지 글에서 찾아 써 보세요.

1) 어떻게 하여야 할까요?

2) 그것을 어떻게 알 수 있나요?

MEMO

MEMO

MEMO

MEMO

저자 소개

김애화(Kim, Aehwa)

aehwa@dankook.ac.kr

현재 단국대학교 특수교육과 교수로 재직 중이다. 단국대학교 특수교육과를 졸업하고, 미국 텍사스 주립대학교(University of Texas at Austin)에서 학습장애 전공으로 석사 및 박사 학위를 받았다. 텍사스 읽기 및 쓰기 연구소(Texas Center for Reading and Language Arts Center)에서 전임연구원(Research Associate)으로 일하였으며, SSCI 저널인 *Journal of Learning Disabilities*의 assistant editor를 역임하였고, 현재 *Journal of Learning Disabilities*의 consulting editor로 활동 중이다.

김의정(Kim, Uijung)

uijungkim@kornu.ac.kr

현재 나사렛대학교 특수교육과 교수로 재직 중이다. 부산대학교 중어중문과를 졸업하고, 미국 텍사스 주립대학교(University of Texas at Austin)에서 특수 일반 및 자폐성 장애 전공으로 석사 및 박사 학위를 받았다. 텍사스 읽기 및 쓰기 연구소(Texas Center for Reading and Language Arts Center)에서 전임연구원(Research Associate)으로 일하였으며, 캘리포니아 주립대학교(California State University, Los Angeles) 특수교육과 조교수로 재직하였다.

학령기 아동을 위한
읽기유창성 및 읽기이해 프로그램
학생용 (III 수준)

Reading Fluency and Reading Comprehension Program
for School-Age Children

2021년 3월 30일 1판 1쇄 발행
2023년 6월 20일 1판 3쇄 발행

지은이 • 김애화 · 김의정
펴낸이 • 김진환
펴낸곳 • (주) 학지사
04031 서울특별시 마포구 양화로 15길 20 마인드월드빌딩
대표전화 • 02)330-5114 팩스 • 02)324-2345
등록번호 • 제313-2006-000265호

홈페이지 • http://www.hakjisa.co.kr
페이스북 • https://www.facebook.com/hakjisabook

ISBN 978-89-997-2380-3 94370
978-89-997-2376-6 (set)

정가 12,000원